Uni-Taschenbücher 973

UTB

Eine Arbeitsgemeinschaft der Verlage

Birkhäuser Verlag Basel und Stuttgart
Wilhelm Fink Verlag München
Gustav Fischer Verlag Stuttgart
Francke Verlag München
Harper & Row New York
Paul Haupt Verlag Bern und Stuttgart
Dr. Alfred Hüthig Verlag Heidelberg
Leske Verlag + Budrich GmbH Opladen
J. C. B. Mohr (Paul Siebeck) Tübingen
C. F. Müller Juristischer Verlag – R. v. Decker's Verlag Heidelberg
Quelle & Meyer Heidelberg
Ernst Reinhardt Verlag München und Basel
K. G. Saur München · New York · London · Paris
F. K. Schattauer Verlag Stuttgart · New York
Ferdinand Schöningh Verlag Paderborn · München · Wien · Zürich
Eugen Ulmer Verlag Stuttgart
Vandenhoeck & Ruprecht in Göttingen und Zürich

TEXT UND GESCHICHTE
Modellanalysen zur deutschen Literatur

Herausgegeben von
Gert Sautermeister und Jochen Vogt

Bd. 1: *Albert Meier*
   Georg Büchner: Woyzeck
Bd. 2: *Wolfgang Emmerich*
   Heinrich Mann: Der Untertan
Bd. 3: *Walter Wehner*
   Heinrich Heine: "Die schlesischen Weber" und andere Texte zum Weberelend
Bd. 4: *Hartmut Kokott*
   Reynke de Vos
Bd. 5: *Gert Sautermeister*
   Thomas Mann: Mario und der Zauberer
Bd. 6: *Burkhardt Lindner*
   Bertolt Brecht: Der unaufhaltsame Aufstieg des Arturo Ui
Bd. 7: *Dagmar Walach*
   Adelbert von Chamisso:
   Peter Schlemihls wundersame Geschichte
Bd. 8: *Klaus Siblewski*
   J.M.R. Lenz: Der Hofmeister
Bd. 9: *Klaus M. Bogdal*
   Heinrich von Kleist: Michael Kohlhaas

Weitere Bände in Vorbereitung:

Walter Wehner

Heinrich Heine:
"Die schlesischen Weber"
und andere Texte
zum Weberelend

Wilhelm Fink Verlag München

ISBN 3-7705-1884-5
© 1980 Wilhelm Fink Verlag, München
Satz und Druck: Hofmann-Druck KG, Augsburg
Buchbindearbeiten: Großbuchbinderei Sigloch, Stuttgart
Einbandgestaltung: Alfred Krugmann, Stuttgart

INHALT

I. *EINFÜHRUNG*   7

II. *DIE WIRTSCHAFTLICHE UND POLITISCHE SITUATION IM VORMÄRZ*   8

    1. Die Industrie und ihre Arbeiter: Rheinland und Westfalen   8
    2. Großstadtprobleme: Berlin   12
    3. Der Hauptkrisenherd: Schlesien   14
    4. Die Gegenwehr der Betroffenen: Aufstände, Krawalle, Unruhen   15

III. *TEXTE UND INTERPRETATIONEN*   20

Fünf literarische Reaktionen auf das Elend und die Aufstände der Weber   20

    1. "Das Blutgericht"   21
    2. Heinrich Heine: "Die schlesischen Weber"   30
    3. Adolf Schults: "Ein neues Lied von den Webern"   50
    4. "Mein Vaterland"   55
    5. Karl Schmidlin: "Der arme Weber"   57
    6. Zusammenfassung: Politische Bewertung und ästhetische Gestaltung der sozialen Probleme   61

Anmerkungen   64

IV. *MATERIALIEN*   72

    1. Wilhelm Wolff: Das Elend und der Aufruhr der Weber in Schlesien   72
    2. Die deutschen Arbeiter in London sammeln für die schlesischen Weber (Zeitungsaufruf)   75
    3. Protokoll über die Verteilung der vom deutschen kommunistischen Arbeiterbildungsverein in London gesammelten Geldspende für die schlesischen Weber   77
    4. Heinrich Heine: Die armen Weber (Erstfassung)   79
    5. Die schlesischen Weber (Flugblatt)   80
    6. Complainte des canuts   82
    7. Karl Beck: Aus Schlesien   83

	8. Ernst Dronke: Das Weib des Webers	85
	9. Ferdinand Freiligrath: Aus dem schlesischen Gebirge	87
	10. Ferdinand Freiligrath: Aus dem schlesischen Gebirge (Fortsetzung)	89
	11. Louise Otto: Aus dem Hirschberger Thale. 1846	91
	12. Hermann Püttmann: Der alte Weber	92
	13. Hedwig und Eleonore Wallot: Ueber die schlesischen Weber. 1844	93
	14. Georg Weerth: Sie saßen auf den Banken	94
V.	*LITERATURHINWEISE*	96
	1. Werkausgaben und Anthologien	96
	2. Sekundärliteratur zu Heinrich Heine	98
	3. Allgemeine Darstellungen, Literaturgeschichten, Dokumente	100

I. EINFÜHRUNG

Angesichts der aktuellen und kontrovers geführten Diskussion über die Einführung neuer Technologien und der damit verbundenen Probleme für die Beschäftigten scheint der Versuch lohnend, einmal die Anfänge der Industrialisierung und Technisierung der Wirtschaft näher zu betrachten. Es wird sicherlich nicht überraschen, damals wie heute eine Reihe ähnlicher Reaktionen, politischer wie literarischer Art, auf die ökonomischen Veränderungen festzustellen. Interessant dürften dabei für die derzeitige Auseinandersetzung die verschiedenen Verschuche sein, sich gegen eine neue Technik aufzulehnen und die Ursachen für das Scheitern dieses Widerstandes zu analysieren.

Die Reaktionen auf die industrielle Revolution erfolgen nicht nur im Arbeitsbereich und im gesellschaftspolitischen Feld, sondern sie erfassen das gesamte kulturelle Leben und führen innerhalb der Kunst zu weitreichenden Auseinandersetzungen, letztlich zur Herausbildung verschiedener neuer Strömungen, die sich grob als Arbeiterliteratur, soziale Malerei, Tendenzkunst oder parteiliche Kunst charakterisieren ließen.

Die entscheidende Durchsetzung des kapitalistischen Wirtschaftssystems, am augenscheinlichsten in der Verdrängung des Handwerksbetriebes durch die Fabrik, vollzieht sich in Deutschland in der ersten Hälfte des vorigen Jahrhunderts. Am härtesten und schnellsten wird von dieser Umwälzung die *Textilindustrie* betroffen, eine Branche, die in den deutschen Kleinstaaten im Gegensatz zu England und Frankreich noch fast völlig durch die manuelle Arbeit der Spinner und Weber gekennzeichnet ist. Im Vergleich mit anderen Sparten stellt die Textilherstellung und -verarbeitung den größten Faktor im Wirtschaftsprozeß dar, was die Anzahl der Arbeitskräfte, die Höhe der Umsätze und die Bedeutung für den jeweiligen Staatshaushalt betrifft. Erst auf diesem Hintergrund wird auch die Dauer und die Schärfe der Auseinandersetzungen um die neue *Sociale Frage* verständlich. Die zeitgenössischen Debatten um den sogenannten Pauperismus beziehen sich fast ausschließlich auf die Textilindustrie. Sie reichen von den Stellungnahmen Karl Marx' bis hin zu Bebels Reichstagsreden und erfassen alle Bereiche des kulturellen Lebens. Weberelend und Weberaufstände werden zu zentralen Themen insbesondere der *Lyrik* bis weit in die zweite Hälfte des 19. Jahrhunderts[1].

II. DIE WIRTSCHAFTLICHE UND POLITISCHE SITUATION IM VORMÄRZ

Im Gegensatz zu fast allen anderen europäischen Ländern bildet Deutschland im Vormärz keinen einheitlichen Nationalstaat. Selbst über die möglichen Grenzen eines solchen Staates bestehen unterschiedliche Auffassungen zwischen den Befürwortern einer kleindeutschen (preußischen) und einer großdeutschen (österreichischen) Lösung. Darüber hinaus regieren im Königreich Hannover und in Schleswig-Holstein ausländische Regenten, gehören zu Österreich tschechische, ungarische, serbokroatische Nationalitäten, zu Preußen polnisch sprechende Landesteile. Diese Zerrissenheit dokumentiert sich in zahlreichen Zollgrenzen, verschiedensten Maßen, Gewichten, Währungseinheiten, in unterschiedlichen Gewerbeordnungen und Handelsgesetzen, in fehlenden überregionalen Kommunikations- und Verkehrsmitteln (Postwesen, Eisenbahnnetz, Schiffsverkehr). Eine revolutionäre Umwälzung wie in Frankreich oder eine schrittweise Entmachtung des Feudaladels wie in England hatte nicht stattgefunden. Es fehlt daher ein breites, finanzstarkes Bürgertum, das seine ökonomischen Interessen auch auf politischer Ebene durchzusetzen versteht. Die industrielle Entwicklung Deutschlands hinkt daher beträchtlich hinter derjenigen Frankreichs und Englands her. Der Sieg der restaurativen Kräfte über Napoleon und die Festschreibung ihrer Machtpositionen auf dem Wiener Kongreß von 1815 verhindern alle Ansätze einer Liberalisierung sowohl des wirtschaftlichen als auch des politischen und kulturellen Lebens. Änderungen dieser Situation erfolgen nur schrittweise und in einem zeitlichen Gefälle von West nach Ost.

1. Die Industrie und ihre Arbeiter: Rheinland und Westfalen

Als das technisch fortgeschrittenste deutsche Land gilt im Vormärz die preußische Rheinprovinz. Sie nimmt insoweit eine Ausnahmestellung unter den deutschen Ländern ein. Hier besteht bereits eine gut ausgebaute Textilindustrie mit den Schwerpunkten der Tuchherstellung in Aachen, der Seidenfabrikation in Krefeld, der Baumwollverarbeitung in Wuppertal und mit den Spinnereien in Ravensberg (Westfalen). Das französische Hinterland bietet sich als Exportmarkt an. Die Franzosen hatten während der Besatzungszeit in den Rheinprovinzen die alten Monopole und Privilegien beseitigt, das Konkurrenzprinzip, eine neue, nicht ständische Gesellschaftsordnung und ein bürgerliches Gesetzbuch eingeführt. In der Nachbarschaft Belgiens und Frankreichs gelingt es den rheinischen Unternehmern, sich trotz der französischen Seeblockade gegen England mit guten Maschinen zu versorgen. Man betreibt die Jaquardstühle aus Lyon und Dampfmaschinen von Cockerill aus Lüttich. Durch die napoleonische Herrschaft gefördert, blühen Leinen- und Baumwollindustrie auf. Nach 1814 verlieren die Fabrikanten Frankreich als Absatzgebiet, gewinnen aber an Einfluß in Deutschland, Italien und Griechenland. Doch bereits jetzt halten sich viele Unternehmungen gegenüber der englischen Konkurrenz nur noch durch die niedrigeren Löhne und die längere Arbeitszeit. Die Situation verschlechtert sich rapide durch die restaurativen Maßnahmen Metternichs (Zensur, Verbot von politischen Vereinen, studentischen Verbindungen, 'Demagogenverfolgung'), die breite Kreise des Bürgertums in den folgenden Jahrzehnten auch bei ihrem ökonomischen Aufstieg behindern. Hinzu tritt eine sich verschärfende ausländische Konkurrenz, insbesondere die englische Handels- und Seeherrschaft.

Über die Lage im Rheinland und in Westfalen sowie die Verhältnisse im Ravensbergischen geben ein zeitgenössischer Bericht von Hermann Lüning, über das Wuppertal ein anonymer Artikel aus dem "Gesellschaftsspiegel" von 1845/46 Auskunft[1]. Die Autoren beschreiben dabei sowohl die in den Rheinprovinzen noch massenhaft verbreitete Heimarbeit der Weber als auch die bereits überwiegend fabrikmäßig betriebene Garnherstellung (Kinderarbeit in den Spinnereien). Aus den Artikeln ergibt sich folgendes Bild: Aufgrund der minimalen Löhne sieht sich der Weber gezwungen, auf Kosten seiner Gesundheit und seiner Familie ein Vielfaches der früheren Leistung zu erbringen. Die meisten Weber sind noch als Heimarbeiter tätig. Von Selbständigkeit kann allerdings keine Rede sein, da Webstuhl und Material oft kein Eigentum sind, sondern dem Fabrikanten gehören, die Arbeit selbst nur noch aus Auftragsarbeit besteht. Gleichzeitig zwingt die finanzielle Not dazu, die Kinder in die Spinnfabriken zu schicken. Daneben beackern viele noch ein Stück Land, was häufig zu zusätzlicher Abhängigkeit vom Großgrundbesitzer (Pacht!) führt. Die Lage der Arbeiter ist also gekennzeichnet durch eine Mischung von Fabrik- und Heimarbeit, von völliger Lohnabhängigkeit und halbselbständiger Existenz. Der Heimarbeiter unterliegt der Konkurrenz der Maschine, die Löhne für Fabrik- und Heimarbeit können wegen der nebenbei betriebenen Landwirtschaft äußerst niedrig gehalten werden. Überdies wollen die Unternehmer, um mit den wohlfeilen, durch technisch fortgeschrittenere Verfahren hergestellten Waren aus England konkurrieren zu können, die relativ hohen Produktionskosten durch möglichst geringe Lohnkosten ausgleichen.

Der "Gesellschaftsspiegel" bemüht sich, ein Bild von den Lebensbedingungen der Weberbevölkerung zu liefern. So beschreibt er eine "größere Anzahl von Hütten und feuchten dumpfigen Stuben, in welchen die Menschen zusammengedrängt wie die Schafe, vom frühen Morgen bis zum späten Abend rastlos arbeiten, um den nothdürftigsten Lebensunterhalt zu gewinnen. Kömmt noch Krankheit hinzu (...) – dann treten Hülflosigkeit und Hunger in ihrer grausenhaften Gestalt auf, da jetzt auch der letzte geringe frühere Erwerb aufhört. (...) oft liegen auch ganze Familien auf einmal darnieder. (...) Noch größer wird das Elend im Winter bei den hiesigen hohen Holz- und Kohlenpreisen; versagen den Leuten dann die steif gefrorenen Finger die Arbeit, dann verkriechen sie sich in ihr dürftiges Strohlager, um Hunger und Kälte möglicherweise zu – verschlafen."[2]

Hinzu kommen die gesundheitsschädlichen Arbeitsbedingungen in den Fabriken, die Staubentwicklung in den Spinnereien, Arbeitsunfälle an ungesicherten Maschinen. Aber auch bei der Heimarbeit stellen sich Berufskrankheiten ein. Hermann Lüning schreibt: "Wir wollen nun einmal die günstigste Lage des geschickten Spinners betrachten. Er sitzt vom frühen Morgen bis zum späten Abend in enger dumpfiger Stube zusammengekauert am Rade (...); die Kinder, die er mit seiner Arbeit allein nicht ernähren kann, müssen früh an's Spinnrad gefesselt werden, ohne alle Rücksicht darauf, daß (...) ihre Glieder (...) nicht selten verkrüppelt werden."[3]

Ähnliche detaillierte Hinweise liefert ein Berichterstatter aus dem Wuppertal: "Da bei den jetzigen Lohnsätzen (...) das ungestört fortgehende Weben höchstens das tägliche Brot gewährt, so ist der Weber genöthigt, durch Ueberarbeiten die Ausfälle zu decken, welche durch die vielen Störungen, Hemmnisse und Plackereien entstehen. (...) Er muß daher Morgens auf den Hahnenruf aufstehen und bis Mitternacht und wohl darüber arbeiten. Seine Kräfte werden schnell verbraucht, seine Sinne vor der Zeit abgestumpft. Seine Brust kann dem ununterbrochenen Zusammenhocken nicht widerstehen; die Lungen werden krank, Blutspeien stellt sich ein. (...) seine Augen ermatten und erblinden."[4]

Neben den körperlichen Gebrechen führt der "Gesellschaftsspiegel" die 'seelischen' an: mangelnden Kirchen- und Schulbesuch und als Folge des Elends die Trunksucht. "Aber nicht nur physisch, auch geistig und sittlich verdirbt der unglückliche Weber. Sein Geist verdüstert, sein Wille erlahmt. Der Weber kann keinen Sonntag halten. (...) Seine ganze Erholung ist – der Branntwein; seine ganze Erbauung – ein wegen Nahrungssorgen keifendes Weib. (...) Wie das Elend den Vater aus dem Gotteshause hält und ihn an seinen Webstuhl bannt, so hält es dessen Kinder aus der Schule und kettet sie ans Spulrad oder sperrt sie in eine Fabrik ein. Unsere Elementarschulen sind für die Kinder dieser Unglücklichen nicht da. (...) Trotz der bestehenden gesetzlichen Verpflichtung des Schulbesuchs sind im Wupperthale stets mehr als 1200 Kinder, *die durchaus keine Art* von Unterricht bekommen."[5]

Bemerkenswert, daß Teile der Öffentlichkeit und staatliche Stellen Erscheinungen wie Alkoholismus, Prostitution, Kriminalität, die nur die Folgen kapitalistischer Ausbeutung sind, der arbeitenden Bevölkerung als Ursachen eines selbstverschuldeten Elends vorwerfen. Insbesondere die Betrugsversuche der Arbeiter beim Spinnen und Weben durch schlechteres Garn, geringere Maschenzahl, Einfärben usw. zur Sicherung ihres Existenzminimums dienen den Verlegern als Vorwand zur Rechtfertigung der schlechten Verhältnisse und der Lohnkürzungen. Die Unternehmer selbst bestreiten die soziale Misere ihrer Arbeiter: "Fragt man einen Wupperthaler Fabrikanten oder Kaufmann, wie sich die Weber hierorts stehen, so heißt es: 'Wer hier arbeiten will (!), hat einen schönen Verdienst; es gibt Weber, die sechs, acht Thaler die Woche, andere, die fünf oder auch nur vier Thaler verdienen' u.s.w. Man vergleicht diese Thaler mit den Groschen, welche an andern Orten wöchentlich verdient werden, und stimmt dann das Loblied an von dem 'gesegneten Rheinland', dem 'gesegneten Wupperthale'."[6]

Daß dies keineswegs der Realität entspricht, zeigt Hermann Lüning in seinen Berechnungen über den Verdienst der Spinner. Er beträgt bei 7 Arbeitstagen pro Woche im Normalfall "1 Sgr. (Silbergroschen) 6 Pf. Spinnlohn pro Tag", im Höchstfall "2 Sgr. 7 Pf. pro Tag"; ein Teil der Spinner erarbeitet nur die Kosten für das Rohmaterial (Flachs)[7]. Für die Weber weist Lüning ähnliche Verhältnisse nach (normal: 2 Thlr. 6 Sgr. 3 Pf. in 14 Tagen, höchstens 9−12 Thlr. in 5−6 Wochen). Von diesen Reinverdiensten bezahlt der Weber nun noch Zinsen für das in Webstuhl und Garnvorrat steckende Kapital, Steuern an Gemeinde, Kirche und Staat, nebst

Schulgeld für seine zahlreichen Kinder (z. B. für drei Webstühle 4 Taler Gewerbesteuer, Klassensteuer 2 Taler und für jeden Dienstboten 15 Sgr.). Die Lebensmittelpreise betragen in Wuppertal für Fleisch 3½ Sgr. pro Pfund, für Schwarzbrot 3½ Sgr. pro Laib, für Butter 6 Sgr. pro Pfund, für einen Becher Kartoffeln 1 Sgr. 10 Pf. Die Tagesarbeit eines Spinners reicht auch im günstigen Fall nicht für einen einzigen Laib Brot, sondern gerade für Kartoffeln. Oftmals erhält der Weber seinen Lohn aber nur in Form von Naturalien, unbrauchbaren Luxusartikeln (Trucksystem) oder in Gold ausbezahlt, wobei er Waren und Goldmünzen beim selben Unternehmer zu schlechteren Bedingungen zurückverkaufen muß.

2. Großstadtprobleme: Berlin

Steht in Westfalen das ländliche und kleinstädtische Proletariat im Vordergrund, so zeigen sich besonders in Berlin die sozio-ökonomischen Probleme einer vormärzlichen Großstadt (1850 = 419 000 Einwohner). Die in Rheinpreußen vorliegenden Konflikte zwischen Proletariat, Bourgeoisie und Feudaladel, ausgelöst durch die Diskrepanz von Handarbeit, Maschine und Großgrundbesitz, verschärfen sich in Berlin insoweit, als die Adelskreise mit den neuen Wirtschaftsformen auch eigene materielle Interessen verfolgen, als sich hier der Kapitalismus bereits auf einer höheren Entwicklungsstufe befindet und zur Monopolbildung übergeht. Die ursprünglich zur Hebung des Exportindustrie gegründete und mit staatlichem Kapital ausgestattete königliche Seehandlung beginnt, das einheimische Gewerbe zu bedrängen. Sie vereinigt Rohstoff- und Verarbeitungsindustrie, baut Spinn- und Mahlmaschinen, treibt Woll- und Mehlhandel, gründet in anderen Branchen Konkurrenzunternehmungen, "und beeinträchtigt(e) in jeder Weise die Gewerbetreibenden, welche natürlich bei Steuerabgaben und Familiensorgen mit der 'königlichen' Seehandlung nicht konkurrieren können".[8] Trotz anklagender Berichte in der Presse gelingt es der Seehandlung unter der Protektion des Ministers Christian von Rother, in der Nähe Berlins weitere neue Maschinenbauanstalten zu errichten.

Auf dem Hintergrund dieser Entwicklung muß man sich die Lebensverhältnisse von rund 20 000 Webern denken, die „auch im 'glücklichen' Fall der Arbeit von ihrem Verdienst nicht leben" können.[9] Die "837 selbständige(n) Seidenwirker arbeiten fast sämtlich für 113 Händler oder sogenannte

Fabrikanten, welche im Besitz eines Kapitals den Handel auf Kosten der unsicheren Gewerbetätigkeit ausbeuten".[10] Zur Darstellung der Lohn- und Wohnverhältnisse der Weber greift der Schriftsteller Ernst Dronke auf die Schilderung des jungen Schweizer Arztes Grunholzer zurück. Dieser berichtet in Bettina von Arnims "Königsbuch"[11] ausführlich über die Situation des städtischen Proletariats. So befindet sich vor dem Hamburger Tor, im sogenannten Vo(i)gtland, eine förmliche Armenkolonie. Den Hauptkern bilden die Familienhäuser des Herrn Heyder. In diesen sieben Häusern in der Gartenstraße vegetieren 2 500 Menschen, auf 400 Räume zusammengepfercht, in vielen Stuben trennt nur ein Seil, quer durch das Zimmer gezogen, zwei Familien voneinander. Zu diesen Wohnungen kommen zahlreiche weitere Hütten und Häuser. Zur Veranschaulichung der katastrophalen Zustände mögen zwei Beispiele dienen:

„92a, Stube 53. Der Weber *Hambach* hat fünf kleine Kinder. Er macht buntgestreiftes Halbtuch und verdient in vierzehn Tagen drei Taler. Er ist mehrere Taler Miete schuldig. Die meisten Kleider sind versetzt. (...) In zwei Tagen hat die ganze Familie nichts als für vier Silbergroschen Brot gegessen. (...) Von der Armendirektion hat H. ein Kartoffelfeld in Pacht. Dafür bezahlt er jährlich zwei Taler, fünfzehn Silbergroschen beträgt das Wächtergeld, ebensoviel der Fuhrlohn. Im letzten Herbst hat er für sechs Taler Kartoffeln eingesammelt. Bringt man das Zeitversäumnis in Anschlag, so ist der Pächter im Nachteil. (...)

92 b, Nr. 73. Der Weber *Fischer* ist zweiundvierzig Jahr' alt. Sein Äußeres flößt wenig Zutrauen ein; er kann nicht über die Straße gehen, ohne durch sein struppiges Haar, das finstere Auge und den zerlumpten Anzug die Aufmerksamkeit der Polizeidiener auf sich zu ziehen. (...) Die Frau sieht liederlich aus; sie saß mit zerzaustem Haare auf dem schmutzigen Bette und strickte. Dem zehnjährigen Knaben sieht man es gleich an, daß sich die Eltern mehr um die Bobinen bekümmern, die er macht, als um ihn selbst. Ein achtjähriges Mädchen war ausgegangen; acht Kinder sind tot. (...)

Gestern hat F. folgende Ausgaben gemacht (für vier Personen):

Morgens 7 Uhr fr.	½ l Kaffee	– Sgr.	2 Pf.
	Zichorien	– Sgr.	1 Pf.
	Salzkuchen	– Sgr.	8 Pf.
	Holz	– Sgr.	3 Pf.
10 Uhr	Brot	1 Sgr.	– Pf.

12 Uhr	Roggenmehl	– Sgr. 6 Pf.
	Holz	– Sgr. 4 Pf.
4 Uhr	Brot	– Sgr. 9 Pf.
	Rauchtabak	– Sgr. 3 Pf.
7 Uhr	Brot	1 Sgr. — Pf.
	Kaffee	– Sgr. 3 Pf.
	Holz	– Sgr. 3 Pf.
	Öl	– Sgr. 9 Pf.
	Schlichte	– Sgr. 8 Pf.
	Summa	6 Sgr. 11 Pf."[12]

Vergleicht man die Ausgaben des Webers mit den Einkünften, so kann man sich das Ausmaß der Verelendung ungefähr vorstellen.

3. Der Hauptkrisenherd: Schlesien

Das eigentliche Hungerland aber heißt Schlesien, seine Elendsgeschichte findet zahlreiche Kommentatoren. Fast alle Darstellungen über die Zeit, seien sie geschichtlicher, seien sie wirtschaftlicher Art, berichten übereinstimmend von den desolaten Zuständen. Auch literaturwissenschaftliche Arbeiten über die politische Literatur der Vormärzzeit benutzen Schlesien als Beispiel für die Darstellung der sozio-ökonomischen Verhältnisse.

Bereits Friedrich der Große stellt die ersten englichen Spinnmaschinen in Schlesien auf, fördert die Ansiedlung von Webern, teils durch Versprechungen, teils durch 'gewaltsamen Menschenraub' in seinen minder mächtigen Nachtbarstaaten, hält wegen Garnmangels das Militär, die Zuchthäusler, die Schulen zum Spinnen an. Um 1766 betreibt die Breslauer Zitz- und Kattunfabrik Moses Heymann 56 Webstühle; von den 1 471 Arbeitern dieses Unternehmens beschäftigt man 1 400 im Glätzischen und im Gebirge.

Mit der Heimarbeit bricht bei Stockung des Absatzes (Export) aber auch das Elend aus. Im Jahr 1772 berichtet der Hirschberger Landrat von Zedlitz: "Die Noth des armen Gebürges ist unbeschreiblich groß und wird, da die Kaufleute zu Hirschberg, wie sie selbst sagen, kein Geld mehr haben die Fabrikate zu kaufen, immer stärker, so daß ich nicht mehr weiß die

Steuern auszupressen, da die Leute Kleider, Betten und alle Mobilia verkauft haben."[13]

Im Jahre 1799 schreiben die Magistrate von Schönberg und Liebau über ähnliche Vorkommnisse. Bei einem Besuch im Kreise meldet der Steuerrat Heinrich am 16.7.1801 dem Minister von Hoym, daß die Weber seit mehreren Wochen sehr wenig verdienten. Ihr Wochenverdienst schwanke zwischen 9 und 12 Sgr. und der Kaufmann sei hart beim Einkauf der rohen Leinwand. Die Sadebecksche Fabrik in Reichenbach importiert um 1800 jährlich 15 000 Stein (Handelsgewicht, in Preußen 1 S. = 22 Pfund) Baumwolle über Wien und Triest. Für Sadebeck arbeiten etwa 6 000 Menschen in der Baumwollspinnerei, die 850 Webstühle in Betrieb hat. Um Lohnsteigerungen zu vermeiden, läßt der Inhaber in Polen spinnen und führt schließlich englische Maschinengarne ein. Die Baumwollspinnerei geht daraufhin so zurück, daß die Spinnerinnen wieder als Mägde auf dem Lande ihr Brot suchen. 1815 liegt die Leinenindustrie Schlesiens völlig darnieder. Am 26.11.1816 warnt die Reichenbacher Regierung vor den drohenden Folgen der freien Konkurrenz: Verelendung der Bevölkerung und blutige Unruhen. Ein getreues Abbild des Zerfalls des schlesischen Leinengewerbes bieten die von Jahr zu Jahr sinkenden Exportziffern Hirschbergs, des Haupthandelsplatzes für Leinwand, der 1785 noch 23 883 Ztr., 1822 nur mehr 2 792 Ztr. umschlägt. Der Warenwert sinkt dabei von 2 129 351 Rtlr. auf 135 520 Rtlr., in den folgenden Jahren setzte sich die gleiche Entwicklung fort. 1847 wurden nur noch 670 Ztr. ausgeführt.

4. Die Gegenwehr der Betroffenen: Aufstände, Krawalle, Unruhen

Die Verhältnisse der Textilbranche in Schlesien zeigen, daß Ausbeutung und Armut der Weber keine zeitlich begrenzten Phänomene sind. Ihre Spuren reichen weit ins 18. Jahrhundet zurück. Dem Weber geht es weder unter dem Merkantilismus Friedrichs des Großen noch unter dem Frühkapitalismus der Bourgeoisie gut. Sieht man von Mißernten, Seuchen und Naturkatastrophen ab, so erreicht das Elend seinen Höhepunkt beim Wechsel der beiden ökonomischen Systeme, steigert sich durch die unterentwickelten Industrieverhältnisse und die rückständigen ländlichen Feudalstrukturen. Parallel hierzu wachsen die Reaktionen der unteren Klassen an Umfang und politischer Bedeutung.

Die ersten bedeutenden Kämpfe treten 1793 in Schlesien auf. Es handelt sich hierbei um Hungerrevolten mit durchaus politischem Hintergrund. Der Minister Graf Hoym berichtet über die Verbreitung politischen Propagandamaterials, über Flugblätter und Freiheitslieder mit revolutionärer Tendenz unter der Weberbevölkerung. Auch der Einsatz von Militär, zahlreiche Verhaftungen und die Beschäftigung der arbeitslosen Weber beim Straßenbau können das Erscheinen von 'Aufruhrzetteln' nicht unterbinden. Hoym meldet im September 1798 dem König den Streik der in den Gebirgsmanufakturen tätigen Bauern gegen ihre Grundherren. Die von Tschirschdorf ausgehende Bewegung umfaßt insgesamt 20 Weberdörfer, es befinden sich schließlich 50 000 Menschen im Ausstand.

Die Vorfälle beschränken sich nun keineswegs nur auf Schlesien, ähnliche lokale Ereignisse finden sich auch in den anderen deutschen Provinzen. So erheben sich im Jahre 1828 die Krefelder Seidenweber. 1830 protestieren die Oberlausitzer Weber in den Dörfern um Zittau gegen die hohen Stuhl- und Konzessionsgelder, die sie dem Stadtrat entrichten müssen. Der geplante Marsch von rund 800 Webern und Häuslern von Seifhennersdorf nach Zittau hätte leicht in dem gesamten dichtbesiedelten Gebiet revolutionäre Unruhen auslösen können. Dem Zittauer Rat gelingt es schließlich, durch Teilzusagen die Bewegung zu spalten und die Bevölkerung zu beruhigen.

An den Revolutionen von 1831/33 nehmen ebenfalls Arbeiter und Handwerker teil. In Aachen, Eupen und Elberfeld zerstören die Arbeiter Maschinen und Fabriken. In Berlin randalieren die Schneidergesellen vor den Fenstern "Seiner Majestät", desgleichen in Breslau. Auch auf dem späteren Schauplatz des schlesischen Aufstandes von 1844 kommt es 1831 zu Unruhen. Der Aufstand der Lyoner Seidenweber von 1831 und 1834 bildet einen ersten Höhepunkt in der Kette dieser Ereignisse. Die Reaktion unterdrückt zwar alle politischen Bestrebungen, aber 1841 erheben sich die Weber in Ronneburg in Thüringen. Die Heimarbeiter greifen zu primitiver Selbsthilfe. Am 26.3. erfolgt der Sturm auf die "Schnalle", eine Fabrik mit mechanischen Webstühlen, und die Zerstörung der Anlage. Die Gerichte verurteilen die Beteiligten zu hohen Zuchthausstrafen.

1842 zerschlagen Handweber unter Führung des Gemeindevorstehers, eines kleinen Fabrikanten, in Seifhennersdorf in der Oberlausitz etwa 20 aus England geschmuggelte mechanische Webstühle, zertrümmern die Antriebsmaschinen und brennen die Gebäude nieder. Im Rheinland erhalten 1843 die Auseinandersetzungen zwischen den Elberfelder Kattundrukkern und den Fabrikanten den Charakter offener Aufstände. Auch in Westfalen revoltieren die Arbeiter. Der Landrat von Beckum berichtet im Jahre 1844, "daß unter Anführung eines Bleichers etwa 1 000 Mann in der Umgebung von Brackwede eine 'revolutionäre Bewegung angezettelt' und sich verschworen hätten, 'künftig keine Religion und keinen Gott mehr anzuerkennen und ihre Beamten zu entfernen'. Die Geistlichen sollten nur Kost, Kleidung und Wohnung, aber kein Geld bekommen; die den Webern schädlichen Maschinen wolle man zerstören, und 'der Arme soll wie der Reiche Offizier werden können'."[14]

Schließlich kommt es im Jahre 1844 zu den bekannten Aufständen in Langenbielau (das größte Dorf Deutschlands mit 14 000 Einwohnern) und Peterswaldau (6 700 Einwohner). Bereits im Januar 1844 ereignet sich ein kleinerer Aufruhr in Langenbielau. Den polizeilichen Ermittlungen zufolge beschweren sie die Langenbielauer Weber über die Beschäftigung auswärtiger Arbeiter aus der Grafschaft Glatz und die demütigende Behandlung durch die Diener und Gehilfen der Fabrikanten. Die Weber Rabe, Rauer und zwei weitere Personen sammeln am 11.1. deshalb Unterschriften für eine Resolution. Am nächsten Tag ist eine Eingabe an den Landrat, die auf die Anzahl der Notleidenden hinweist, vollständig unterzeichnet. Am 13. überreichen der Weber Rauer und fünf andere Personen dem Landrat die Liste. Am 28.1. versammelt sich eine Anzahl Weber im Neu-Bieler Kretscham (Gastwirtschaft) und bespricht die Probleme. Der Weber Rohleder fordert die Anwesenden dabei mehrfach auf, den Langenbielauer Fabrikanten ihre Wünsche vorzutragen. Am 29.1. ruft Rauer auf einem Horn mit mehreren Infanteriesignalen zahlreiche Arbeiter und Neugierige zusammen, die im Zuge bis nach Neu-Bielau marschieren und in die dortige Schenke einkehren. Hier diskutiert man weiter. Die allgemeine Erbitterung gegen die Fabrikanten, insbesondere gegen die Gebrüder Dierig und das Unternehmen Ernst Friedrich Zwanziger und Söhne führt schließlich zum gewaltsamen Ausbruch der langangestauten Empörung. Wilhelm Wolff, der seinen Bericht nach eigenen Aussagen auf die Nachrichten von Augenzeugen stützt, gibt eine genaue Darstellung vom 4.6. (vgl. Materialien, S. 71–74). Militär und Polizei gelingt es trotz erbittertem Widerstand der Weber, den Aufstand in kürzester Zeit niederzuschlagen. Das publizistische Echo und die Befürchtungen, die schlesischen Weberunruhen könnten in anderen Landesteilen zu Nachahmungen anregen, führen zu umfangreichen und eiligen gerichtlichen Schritten. Bereits am 31.8.1844 ergeht das Urteil über die Teilnehmer der schlesischen Weber-unruhen. Das Gericht verhängt insgesamt gegen 80 Angeklagte 203 Jahre Zuchthaus, 90 Jahre Festungshaft und 330 Peitschenhiebe. Trotz der drakonischen Strafen befürchten die Unternehmer nicht zu Unrecht weitere gewalttätige Aktionen und Streiks der Arbeiter. Die Bourgeoisie setzt deshalb in zähem Kampf mit den Militärbehörden die Stationierung bedeutender Truppen und die zeitweilige Umgestaltung Reichenbachs in eine Garnisonsstadt durch. Vergeblich deutet die Armee auf die Unzumutbarkeit, ja für die Schlagkraft der Truppe gefährliche Wirkung hin, die eine dauernde Ausübung von Polizeifunktionen mit sich bringe. Die Angst der herrschenden Klasse erweist sich als größer. Die Furcht der Beherrschten jedoch steigert sich nicht. Im Gegenteil, schon am 6. Juni wächst die Unruhe in Breslau. In der Nacht werfen Handwerksgesellen die Fensterscheiben auf der Karlsstraße ein. Am anderen Tag erneuern sich die Tumulte. Reitermiliz und herbeigeorderte Truppen verhindern weitere Ausschreitungen. Der Berliner Diplomat und Schriftsteller Varnhagen von Ense berichtet am 10. Juni 1844 aus der Hauptstadt: "Einen Augenblick war es zweifelhaft, ob die Soldaten auf das Volk schießen würden, einige sollen sich bestimmt geweigert haben; dergleichen wird mit größter Sorgfalt vertuscht, wenigstens in die Zeitungen darf davon nichts kommen, man fürchtet, das Beispiel könne anstecken."[15]

Die Polizei verhaftet an die 50 Personen, 18 von ihnen, zumeist Handwerksgesellen und Lehrlinge, werden von den Gerichten zu Freiheits- und Prügelstrafen verurteilt.

Ein zweites aufrührerisches Echo hallt von jenseits des Riesengebirges aus Böhmen. Am 17. Juni legen die Kattundrucker des Betriebes von Porges in Smichov bei Prag die Arbeit nieder und zerstören die Maschinen. Am 3. Juli greifen die Ausschreitungen auf die nordböhmische Textilindustrie vor allem in Reichenberg über. Noch im Dezember kommt es unter den Webern in Nordböhmen, insbesondere in Prichovice bei Tannwald, zur Auflehnung gegen die Fabrikanten. Die österreichische Regierung, besorgt, das organisierte Vorgehen der Weber und Kattundrucker könne weitere Kreise ziehen, setzt Truppen gegen die Rebellen ein. Beim Aufstand der Prager Arbeiter spielt übrigens wie in Schlesien ein Lied, "Pisnena rebeli" (Lieder auf die Rebellen), eine agitatorische und solidarisierende Rolle.

Zwar müssen sich die böhmischen Kattundrucker und Weber gegen die Übermacht der Armee geschlagen geben, aber die Erfahrungen des Aufstandes führen zur Organisation der kleinen Hausbetriebe und der Arbeiter. "In Brünn haben sich die kleinen Tuchwebermeister zusammen gethan und ein Kompagnie-Geschäft gebildet, um die Konkurrenz mit den großen Fabrikanten aushalten zu können. (...) Die großen Fabrikanten suchten diese Vereinigung auf alle Weise zu hintertreiben und als das nicht gelang, denunzirten sie dieselbe bei der Regierung, welche indessen Nichts dagegen zu erinnern fand."16

Nach dem Signal des Weberaufstandes beginnen in schneller Folge Arbeitsniederlegungen und Demonstrationen, die über drei Jahre hinweg nicht abreißen.

Wie weit ihre Lage den Arbeitern bereits bewußt war, die neuen revolutionären Theorien schon Verbreitung finden, zeigt anschaulich der Bericht eines Eisenbahnarbeiters, den Wilhelm Wolff übermittelt: "*Einen* Vorteil hat's für uns. Wir sind zu Tausenden zusammengeströmt, haben einander kennengelernt, und in dem gegenseitigen langen Verkehr sind die meisten von uns gescheiter geworden. Es sind nur noch wenige unter uns, die an die alten Faxen glauben. Wir haben jetzt verteufelt wenig Respekt mehr vor den vornehmen und reichen Leuten. Was einer zu Hause kaum im stillen gedacht, das sprechen wir jetzt unter uns laut aus, daß *wir* die eigentlichen Erhalter der Reichen sind und daß wir nur zu *wollen* brauchen, so müssen *sie* von uns ihr Stück Brot betteln oder verhungern, wenn sie nicht arbeiten wollen. Sie können's glauben, wenn die Weber nur länger ausgehalten hätten, es wäre bald sehr unruhig unter uns geworden. Der Weber Sache ist im Grund auch *unsere* Sache. Und da wir an 20 000 Mann auf den Bahnen Schlesiens arbeiten, so hätten wir wohl auch ein Wort mitgesprochen."17

III. TEXTE UND INTERPRETATIONEN

Fünf literarische Reaktionen auf das Elend und die Aufstände der Weber

Die sozialen und politischen Ereignisse des Vormärz schlagen sich schnell und wirksam in der Literatur nieder. Ein immer größer werdendes Lesepublikum erreicht nach Einführung der Schnellpresse, der Lithographie immer rascher Zeitungen, Flugblätter, Broschüren; Lesekabinette und Leihbibliotheken verbreiten ihre Produkte an neue Käuferschichten. Die Verleger passen sich in vielfacher Form diesen Gegebenheiten an: Feuilletonromane erscheinen in zahlreichen Fortsetzungen in den Gazetten, Teillieferungen senken die Preise dickleibiger Romane, ganze Autorenteams arbeiten gleichzeitig an einem Werk. Thematisch stellt man sich ebenfalls auf die neuen Käuferkreise ein, die Buchhändler werben mit Dienstbotenlektüre, Handwerkererzählungen, Frauenromanen, Kolportagegeschichten.

Als besonderes Kennzeichen der Zeit darf auch die massenhafte Verbreitung der Lyrik gelten. Seit den Freiheitskriegen reißt der Strom politischer und seit den dreißiger Jahren auch sozialer Gedichte (Chamisso, Handwerkerlyrik) nicht ab. Die besonderen Möglichkeiten dieser Gattung liegen in der sofortigen Verwendung als Vortragsstoff, als Gassenhauer, als Barrikadenlied, wobei Kontrafakturen (Verwendung bekannter Melodien) sowie der geringe Umfang einer raschen Verbreitung entgegenkommen. Das gilt ebenso für den Abdruck in den Feuilletons der Zeitschriften. Zensurschwierigkeiten aufgrund der 20-Bogen-Verordnung (nur Bücher mit mehr als 360 Seiten Umfang unterliegen nicht der Vorzensur) werden durch Abschriften, Verbreitung von Flugblättern, Auswendiglernen leicht umgangen. Die Darbietungen der Bänkelsänger erreichen leseunkundige und mittellose Schichten auch in entlegenen Orten. Die Kürze der Texte zwingt den Autor zur verknappten operativen Zuspitzung, zu thesenartigen Formulierungen, die seine Tendenz unterstützen; als gefühlsstimulierende Formelemente nutzt er Rhythmus, Melodie, Reizworte.

Die Schriftsteller reagieren in ihren Gedichten auf alle bedeutenden politischen Ereignisse, auf jedes größere soziale Problem; von den europäischen Revolutionen in Griechenland, Spanien, Italien, Frankreich über die Metternichsche Reaktion bis zu den Darstellungen des materiellen und moralischen Elends der unteren Klassen spannt sich der Bogen. Ausgelöst wird dies Engagement auch durch eine mit Elan und Schärfe geführte öffentliche Debatte über die Pflicht des Schriftstellers, gegen die restaurativen Maßnahmen Partei zu ergreifen und in seinen Werken eine *fortschrittliche Tendenz* zu vertreten. Am intensivsten schlägt sich dieses Engagement in der Behandlung der Aufstände und der sozialen Not der Weber nieder. Kein 'bedeutender' Schriftsteller, kaum ein Dichter von regionaler Bekanntheit, der nicht hierzu einen Beitrag geliefert hätte.

Fünf charakteristische Texte, die sich der Sache der Textilarbeiter annehmen, bzw. die tatsächlichen Ursachen in schon reaktionärer Weise zu verleugnen und umzudeuten suchen, sollen im folgenden untersucht werden. Kern der kritischen Analyse soll der Nachweis sein, *daß die Einsicht der Autoren in die ökonomischen Prozesse und politischen Konflikte entscheidend die gedankliche und damit auch die spezifisch lyrische Gestaltung der Texte bestimmt.* Parteilichkeit und ästhetische Qualität eines Gedichts schließen sich demnach nicht aus, sondern bedingen einander.

1. Unbekannter Verfasser: "Das Blutgericht"

1

Hier im Ort ist ein Gericht,
Viel schlimmer als die Vehme,
Wo man nicht erst ein Urtheil spricht,
Das Leben schnell zu nehmen.

2

Hier wird der Mensch langsam gequält,
Hier ist die Folterkammer,
Hier werden Seufzer viel gezählt
als Zeuge von dem Jammer.

3

Die Herren Zwanziger die Henker sind,
Die Diener ihre Schergen,
Davon ein jeder tapfer schindt,
Anstatt was zu verbergen.

4

Ihr Schurken all, ihr Satansbrut,
Ihr höllischen Dämone,
Ihr freßt den Armen Hab und Gut,
Und Fluch wird euch zum Lohne.

5

Ihr seyd die Quelle aller Noth,
Die hier den Armen drücket,
Ihr seyd's, die ihm das trockne Brot
Noch vor dem Mund wegrücket.

6

Was kümmerts euch, ob arme Leut
Kartoffeln satt könn'n essen,
Wenn ihr nur könnt zu jeder Zeit
Den besten Braten fressen.

7

Kömmt nun ein armer Weber an,
Die Arbeit wird besehen,
Findt sich der kleinste Fehler dran,
So ist's um euch geschehen.

8

Erhält er dann den kargen Lohn,
Wird ihm noch abgezogen,
Zeigt ihm die Thür, und Spott und Hohn
Kommt ihm noch nachgeflogen.

9

Hier hilft kein Bitten und kein Flehn,
Umsonst ist alles Klagen,
Gefällt's euch nicht, so könnt ihr gehn,
Am Hungertuche nagen.

10

Nun denke man sich diese Noth
und Elend solcher Armen,
Zu Hause oft kein Bissen Brodt,
Ist das nicht zum Erbarmen?

11

Erbarmen, ha! ein schön Gefühl,
Euch Kannibalen fremde,
Und jedes kennt schon euer Ziel,
Der Armen Haut und Hemde.

12

O, Euer Geld und euer Gut,
Das wird dereinst vergehen
wie Butter an der Sonne Gluth,
Wie wird's dann um euch stehen.

13

Wenn ihr dereinst nach dieser Zeit,
Nach diesem Freudenleben,
Dort, dort in jener Ewigkeit
Sollt Rechenschaft abgeben.

14

Doch ha, sie glauben keinen Gott,
Noch weder Hölle, Himmel,
Religion ist nur ihr Spott,
Hält sich an's Weltgetümmel.

15

Ihr fangt stets an zu jeder Zeit
Den Lohn herabzubringen,
Und andre Schurken sind bereit,
Dem Beispiel nachzuringen.

16

Der nach folgt *Fellmann* jetzt,
Ganz frech ohn' alle Bande,
Bei ihm ist auch herabgesetzt
Der Lohn zur wahren Schande.

17

Die Gebrüder *Hoferichter* hier,
Was soll ich von ihn'n sagen,
Geschindet wird hier nach Willkühr,
Dem Reichthum nachzujagen.

18

Und hat ja Einer noch den Muth,
Die Wahrheit euch zu sagen,
So kommt's soweit, es kostet Blut,
Und den will man verklagen.

19

Herr Kamlot, Langer genannt,
Der wird dabei nicht fehlen.
Einem jeden ist es wohl bekannt:
Viel Lohn mag er nicht zählen.

20

Von euch wird für ein Lumpengeld
Die Waare hingemissen,
Was euch dann zum Gewinne fehlt,
wird Armen abgerissen.

21

Sind ja noch welche, die der Schmerz
Der armen Leut beweget,
In deren Busen noch ein Herz
Voll mitgefühle schläget.

22

Die müssen, von der Zeit gedrängt
Auch in das Gleis einlenken,
Und Euer Beispiel eingedenk
Sich in den Lohn einschränken.

23

Ich frage: wem ists wohlbekannt.
Wer sah vor zwanzig Jahren
Den übermüthgen Fabrikant
In Staats-Karossen fahren?

24

Sah man wohl dort zu jenerZeit
Paläste hocherbauen
Mit Thüren, Fenstern prächtig weit,
fast fürstlich anzuschauen.

25

Wer traf wohl da Hauslehrer an
Bei einem Fabrikanten,
Mit Livreen Kutscher angethan,
Domestiken, Gouvernanten?[1]

Wie wenig kunstimmanente Maßstäbe allein einem Text gerecht werden, zeigt sich an dem Lied der Weber aus Langenbielau und Peterswaldau. Ästhetische Qualitäten im Sinne stimmiger Reime, einheitlicher Bilder und eines kunstvoll gegliederten Rhythmus lassen sich dem Gedicht nur schwer abgewinnen. Aber seine oft holprigen Verse unterstützen die Schlagkraft der sozialen Anklage; nicht rhythmische Feinheiten, sondern der aggressive Aufschrei machen es zur "Marseillaise der Nothleidenden".[2]

Schon vor den Unruhen von 1844 singen die Weber das Lied vor den Häusern der Fabrikanten, geht die Polizei gegen mehrere Demonstranten vor. Bereits am 25. Mai 1844 gelangt ein Exemplar in die Hände der Polizeibehörde. Über den Tumult vom 3. Juni vermeldet der "Generalbericht betreffend die Unruhen der Kattunweber in den Kreisen Reichenbach, Schweidnitz und Waldenburg": "Am Abende des 3ten Juni zogen ungefähr 20 Personen bei den Gebäuden der Kaufleute Zwanziger vorbei und sangen ein Spottlied auf die genannten Kaufleute; es entstand hierdurch Lärm und der Gerichtsmann Wagner verhaftete einen Theilnehmer, den Webergesellen Wilhelm Maeder und brachte ihn in das Polizeigefängnis. Das abgesungene Gedicht wurde ebenfalls ergriffen. Eine Abschrift desselben lege ich gehorsamst bei."[3]

Beim Aufstand selbst bildet sein Gesang das solidarisierende Element und das auslösende Zeichen zum Sturm des Zwanziger Hauses. Im Gegensatz zu anderen Liedern wendet sich der Text nicht mehr gegen die Maschinen, gegen ein einzelnes Gebäude, es zeigt vielmehr, wie Marx gegenüber Ruge herausstellt, seinen "theoretischen und bewußten Charakter": "Zunächst erinnere man sich an das *Weberlied*, an diese kühne *Parole* des Kampfes, worin Herd, Fabrik, Distrikt nicht einmal erwähnt werden, sondern das Proletariat sogleich seinen Gegensatz gegen die Gesellschaft des Privateigentums in schlagender, scharfer, rücksichtsloser, gewaltsamer Weise herausschreit."[4] Diese summarische Deutung von Marx dürfte wohl kaum allen Textpartien gerecht werden; sie ließe sich ebenso wenig auf den gesamten Verlauf des Aufstandes beziehen, bei dem Maschinen demoliert wurden.

Nach der allgemeinen Einleitung des Liedes ("Hier im Ort...") erfolgt durch die Personifizierung der Ausbeuter eine Entladung der aufgestauten Volkswut, formal gekennzeichnet durch die direkte Wendung an die Fabrikanten:

Ihr Schurken all, ihr Satansbrut,
Ihr höllischen Dämone,
Ihr freßt den Armen Hab und Gut,
Und Fluch wird euch zum Lohne.

Ihr seyd die Quelle aller Noth,
Die hier den Armen drücket,
Ihr seyd's, die ihm das trockne Brot
Noch vor dem Mund wegrücket.

Hinzukommt die Steigerung der Begriffe: "Vehme", "Folterkammer", "Henker", der Übergang von vollständigen Sätzen zum Ausruf, die Wiederholung der Anfangsworte der Verszeilen (Anapher) unter zusätzlicher Benutzung des Binnen-Reimes ("Ihr – hier"). All dies unterstützt die agitatorische Wirkung, die ein anonymer zeitgenössischer Bericht bestätigt: "Das Lied, welches die schlesischen Weber sangen, während sie die Fabriken demolierten, ist zwar holperig und 'ohne Kunst zusammengeleimt', aber wenn man bedenkt, daß es von dem wütenden Volkshaufen gebrüllt wurde und daß diese Weber ihre Klage darin fanden, so ist es allerdings schauerlich."[5]

Varnhagen notiert schon am 19. Juni 1844: "Lied aus Schlesien, 'Die Klagen der Weber', ein ganz prosaisches Anklagen und Verwünschen der Fabrikherren, die dem Arbeiter den Lohn abknappen, sie werden persönlich genannt und als Leuteschinder besungen. Von sozialistischen oder kommunistischen Einwirkungen keine Spur, alles nur platter Ausdruck der Noth und des Hungers."[6]

Die Thesen von Marx und Varnhagen über das politische Bewußtsein der Weber, wie es sich im Text dokumentiert, stehen sich diametral gegenüber. Für Marx spricht, daß das "Blutgericht" tatsächlich in einigen Bereichen (Strophe 1,2,4-12) in allgemeiner Weise die Gegensätze von Arm und Reich beschreibt, die Praktiken der profitgierigen Unternehmer anklagt, das Herabsetzen der Löhne beim geringsten Webfehler (7), die demütigende Behandlung bei der Auszahlung (8) und das Mißverhältnis zwischen Angebot und Nachfrage zum Inhalt hat (9). Anderseits kann Varnhagen zurecht die Personalisierung (3, 16, 17, 19, 22), die moralische Argumentation ("Satansbrut", 4) und die göttliche Strafandrohung (13-14) für seine Behauptung heranziehen. Widersprüche ergeben sich auch im Verlauf des Aufstandes, der einerseits eine solidarische Massenbewegung gegen kapitalistische Praktiken darstellt, anderseits die blinde Demolierung der Maschinen, Gebäude und den Verzicht auf Aktionen bei Unternehmer-Almosen kennt.

Die unterschiedliche Betrachtungsweise ergibt sich wohl aus der Einordnung des Aufstandes in eine Kette von Ereignissen (Marx sieht hier einen Höhepunkt) und der Beurteilung einer 'Arbeiterliteratur', als auch aus der Betonung des spontanen und emotionalen Momentes des Aufruhrs, dem Fehlen von Arbeiterorganisationen und den unübersehbaren Widersprüchen, die dieser frühen Arbeiterbewegung und ihrer Literatur notwendigerweise anhaftet.

Einen nicht unbeträchtlichen Teil seiner Wirkung erhält das Lied aus der allgemein in Schlesien bekannten Melodie: "Es liegt ein Schloß in Österreich". Hierzu existieren aber eine Reihe verschiedener Varianten. Die von Wilhelm Schremmer 1909 in Friedrichshain aufgezeichnete entspricht in ihrer getragenen Form nicht der Vorstellung von der mitreißenden Weise der aufständischen Weber.[7] Wolfgang Steinitz verweist in diesem Zusammenhang auf eine Melodie des an den Unruhen beteiligten Ortes Steinseifersdorf, die er für die authentische hält.[8] Gerhart Hauptmann benutzte für sein Drama eine dritte[9], Inge Lammel im Rückgriff auf die Arbeiterliederbücher um 1920 eine vierte Melodie.[10]

Schremmer, der das Lied 1909 nach dem "zitternden Gesange eines alten Maurers" aufzeichnet, berichtet: "Das Lied ist auch 1848 gesungen worden; es lebte wieder auf, wenn Unrecht, Not, Groll die Masse der Weber packte! Noch heute kann man erleben, daß in Augenblicken der Erregung auf einzelne Strophen des Liedes (is wabrlit) zurückgegriffen wird. Seine schnelle Verbreitung hat das Lied gewiß der packenden und die Massen erregenden Weise mit zu danken."[11] Die erste Veröffentlichung verdankt man Wilhelm Wolff, der sie seinem Bericht über den Aufruhr beigibt. Eine ausführliche Beschreibung der verschiedenen Varianten liefert Steinitz; er ermittelt aus den Akten und Buchpublikationen allein sieben verschiedene Fassungen. Dies belegt nicht nur die eminente Bedeutung und Verbreitung des Liedes, sondern zeigt auch, daß der Text der 'aktiven' Bearbeitung unterlag, also wahrhaft *'operativ'* verwendet wurde. Das Aktenstück der Berliner Behörden trägt den Vermerk: in Peterswaldau verbreitet und in Breslau bekannt. Das den Prozeßunterlagen beigelegte Blatt fand sich in Peterswaldau an einen Baum geheftet und endet mit den Worten: "Der Finder dieses wird ersucht, es anderen mitzuteilen". Die Behörden versuchten, das Lied mit allen Mitteln zu unterdrücken[12] und des Verfassers habhaft zu werden. Man verdächtigte sowohl den schlesischen Schriftsteller Eduard Pelz, bei dem man eine Abschrift des Liedes entdeckt, als auch einen Volkssänger und -dichter, den "Trompeter im Grunde" (Friedrichsgrund/Friedrichshain im Klaumnitztale). Pelz dürfte als Urheber ausscheiden, da der Text mit zu vielen formalen und grammatischen Fehlern behaftet ist.[13] Für den zweiten Verdacht brachte selbst eine peinlich genaue Haussuchung keinerlei Beweise.[14] Die Vermutung, es könne sich wegen der letzten Strophe (24) um einen Dorfschullehrer handeln, ließ sich trotz zahlreicher Nachforschungen der Behörden nicht belegen.[15] Nicht auszuschließen ist angesichts der zahlreichen Verstöße gegen die metrischen Regeln, daß es von einem ungeübten Volksdichter stammt. Aufgrund des offenen Endes des Liedes und der wiederholenden Elemente des zweiten Teils, die ein Anhängen noch weiterer Strophen ermöglichen, kann man auch mehrere Autoren als Verfasser vermuten. "Noch 1891 wurde der Abdruck des

Weberliedes im sozialdemokratischen 'Proletarier aus dem Eulengebirge' an dem Redakteur Franz Hoffmann vom Landgericht Schweidnitz mit einigen Monaten Gefängnis geahndet!"[16] 1904 druckt es die politisch-satirische Zeitschrift der SPD, "Der Wahre Jacob", ab.[17] Alfred Zimmermann publiziert das Gedicht in einem wissenschaftlichen Buch[18] und bleibt daher von der Zensur unbehelligt. 1914 erscheint es unter den historischen Dokumenten zur 48er Revolution.[19] Schremmer veröffentlicht es nicht in seinem ersten Zeitschriften-Artikel im Kaiserreich von 1910, sondern erst 1923 in der Weimarer Republik.[20] Weite Kreise der Bevölkerung lernen den Text erst durch die Strophen kennen, die Hauptmann für sein Drama benutzt. Eine Überlieferung in Lyrik-Anthologien erfolgt ab 1893 im Verlag des sozialdemokratischen "Vorwärts"[21], danach führen es Christian Petzet, Franz Diederich und Julius Bab auf.[22] 1930 erscheint es in einer Sammlung deutscher revolutionärer Texte in Moskau (!)[23]. Hier finden sich auch die ersten längeren Anmerkungen zum Gedicht. Karl Henckell sieht es unter einem historischen Gesichtspunkt und als Baumaterial für spätere berühmtere Werke: "Dies echte 'Hetzgedicht' armer schlesischer Weber aus den vierziger Jahren schließe ich hier unmittelbar an die Heine-'schen Kunststrophen natürlich nicht in Rücksicht auf sogenannten 'poetischen' Werth, obwohl einige Wendungen der blühenden Charakteristik keineswegs entbehren, sondern einmal wegen seiner sozialgeschichtlichen Bedeutsamkeit, sodann aber, weil verschiedene Strophen desselben den Brennpunkt in Gerhart Hauptmann's breitwürfiger, aufrüttelnder Tragödie 'De Waber' bilden und somit einen Gegenstand lebendiger Teilnahme für uns Zeitgenossen abgeben."[24]

Eine eigene Wertschätzung erhält es bei Bab: "Welche Gewalt der Empfindung und welche Anschaulichkeit der dichterischen Sprache! Unmittelbar aus dem Alltag dieser armen Menschen sind die Szenen geholt, die ihr Elend veranschaulichen sollten, und aus keiner literarischen Tradition, sondern unmittelbar aus der Sprache der Arbeiter stammen die Kraftworte, in denen sich dann der Zorn entlädt. In seiner barbarisch stammelnden, wild hämmernden Kraft ist dies Lied echte Arbeiterdichtung aus der frühesten Zeit. Es übertrifft bei weitem alle die pathetischen oder satyrischen Kunstdichtungen, die damals an den gleichen Vorgängen sich entzündeten."[25] Bab sieht im "Blutgericht" "das einzige wirklich starke politische Volkslied, das wir in Deutschland haben." Ähnlich äußerte sich auch schon Franz Mehring: "Dagegen ist das Lied, das die aufständischen Weber sangen, ein echtes Volkslied, roh und ungefüge in der Form, aber um so erschütternder in seinem wie ein Blutstrom aus den Herzen der Massen brechender Inhalt."[26] "Die Masse selbst schuf das Lied, sie reihte Wort an Wort, Satz an Satz, bis der Text dann unvermittelt abbrach, gerade wie der Kampf der Weber durch die knatternden Salven des Militärs."[27]

Erst 1952 druckt es Bruno Kaiser in seinen "Liedern der 48er" in der DDR wieder ab.[28] Die ostberliner Germanistin Inge Lammel führt es 1974 als erstes Beispiel ihrer Arbeiterliedsammlung auf.[29] Schon 1962 grenzt sie es in ihrem Aufsatz "Zur Rolle und Bedeutung des Arbeiterliedes"[30] von den frühen Maschinenstürmerliedern ab.

Wer es in westdeutschen Lesebüchern oder Schulanthologien sucht, findet es nur in kurzen Auszügen im Zusammenhang mit Gerhart Hauptmanns Drama.[31] Daneben erscheint es versteckt in Monographien über Hauptmann und Käthe Kollwitz[32], sowie in den Texten zum Frühsozialismus von Michael Vester.[33] Erst 1972 wird es in der Sammlung "Lieder gegen den Tritt"[34] und in Hans Magnus Enzensbergers "Klassenbuch"[35] wieder abgedruckt.

Die bürgerlichen Balladenbücher, die Anthologien für Heim und Familie, aber auch die politischen Liedersammlungen verschweigen es beharrlich. In den Literaturgeschichten der BRD behandelt man es nirgends als selbständiges Werk. Neuansätze zeigen sich allerdings bei Walter Grab und Uwe Friesel sowie Valentin Merkelbach.[36]

2. Heinrich Heine: "Die schlesischen Weber"
(Vom Dichter revidirt.)

1
Im düstern Auge keine Thräne,
Sie sitzen am Webstuhl und fletschen die Zähne:
Deutschland, wir weben Dein Leichentuch,
Wir weben hinein den dreifachen Fluch –
Wir weben, wir weben!

2
Ein Fluch dem Gotte, zu dem wir gebeten
In Winterskälte und Hungersnöthen;
Wir haben vergebens gehofft und geharrt,
Er hat uns geäfft und gefoppt und genarrt –
Wir weben, wir weben!

3

Ein Fluch dem König, dem König der Reichen,
Den unser Elend nicht konnte erweichen,
Der den letzten Groschen von uns erpreßt,
Und uns wie Hunde erschießen läßt –
Wir weben, wir weben!

4

Ein Fluch dem falschen Vaterlande,
Wo nur gedeihen Schmach und Schande,
Wo jede Blume früh geknickt,
Wo Fäulniß und Moder den Wurm erquickt –
Wir weben, wir weben!

5

Das Schiffchen fliegt, der Webstuhl kracht,
Wir weben emsig Tag und Nacht –
Altdeutschland, wir weben Dein Leichentuch,
Wir weben hinein den dreifachen Fluch,
Wir weben, wir weben![37]

2.1 Entstehung

Am Mittwoch, den 10. Juli 1844, erscheint in Paris in der deutschen Exilzeitschrift "Vorwärts" auf der Titelseite das Gedicht "Die armen Weber" von Heinrich Heine.[38] Diese erste Fassung besitzt nur vier Strophen. Der fünfstrophige endgültige Text "Die schlesischen Weber" mit dem Untertitel "vom Dichter revidirt" erscheint erst 1847 in Püttmanns "Album". Aufgrund der zahlreichen Varianten ist ein Vergleich mit den Handschriften nötig. Zur vierstrophigen Fassung besitz das Heinrich-Heine-Archiv in Düsseldorf den ersten Entwurf Heines mit zahlreichen Streichungen und Überarbeitungen und eine Reinschrift mit zwei Änderungen von seiner Hand. Der Text des "Vorwärts" folgt der ersten Handschrift. Zur Endfassung fehlt leider ein deutsches handschriftliches Zeugnis, nur die handschriftliche französische Übersetzung der fünfstrophigen Fassung liegt vor.

Als Voraussetzungen dieses Gedichts muß man Heines eigene politische

Erfahrung, den Einfluß von Marx und die rein literarischen Vorbilder unterscheiden. Als Heine im Dezember 1843 den jungen Marx in Paris kennenlernt, besitzt er zwar bereits wesentliche Erkenntnisse aus der Beobachtung der französischen und englischen Klassenkämpfe und aus den utopisch-sozialistischen Ansätzen Saint-Simons und anderer. Aber sein Urteil über den Kommunismus ist an dem Neo-Babouvismus von Buonarotti ausgerichtet, eine Richtung des Frühsozialismus, die besonders durch ihre Kunstfeindlichkeit Heines Vorbehalte erweckte. In einem Artikel für die "Augsburger Allgemeine Zeitung" vom 30.4.1840 berichtet Heine über einen Besuch im Pariser Arbeiterviertel Faubourg Saint Marceau und die dort entdeckte Lektüre des Proletariats:

"Dort fand ich nämlich mehre neue Ausgaben von den Reden des alten Robespierre, auch von Marats Pamphleten, in Lieferungen zu zwei Sous, die Revolutionsgeschichte des Cabet, Cormenins giftige Libelle, Baboeufs Lehre und Verschwörung von Buonarotti, Schriften, die wie nach Blut rochen; – und Lieder hörte ich singen, die in der Hölle gedichtet zu sein schienen, und deren Refrains von der wildesten Aufregung zeugten. Nein, von den dämonischen Tönen, die in jenen Liedern walten, kann man sich in unsrer zarten Sphäre gar keinen Begriff machen; man muß dergleichen mit eigenen Ohren angehört haben, z.B. in jenen ungeheuren Werkstätten, wo Metalle verarbeitet werden, und die halbnackten trotzigen Gestalten während des Singens mit dem großen eisernen Hammer den Takt schlagen auf dem dröhnenden Amboß."[39] Der Hinweis von Leo Kreutzer auf den kunstfeindlichen Charakter dieses "rohen" Kommunismus[40] und der daraus resultierenden zwiespältigen Haltung des Dichters muß, wie Heines Äußerungen zeigen, aber durchaus differenzierter betrachtet werden. Heine entdeckt nämlich, was Kreutzer bei der unvollständigen Verwendung des Zitats unterschlägt, auch eine neue Art von Kultur, Ansätze einer proletarischen Literatur, die sich in den demokratischen Volks- und Revolutionsliedern dokumentiert. Zu dieser Kenntnis der französischen Revolutionslieder treten im täglichen Umgang mit der Familie Marx neue Vorstellungen über den wissenschaftlichen Kommunismus hinzu. Die Mitarbeit am "Vorwärts" und den "Deutsch-Französischen Jahrbüchern" ermöglicht ihm auch erst den Abdruck einiger seiner schärfsten satirisch-politischen Texte – eine Tatsache, der sich Heine durchaus bewußt ist. In einem Brief vom 5. Juni (!) 1844 schreibt er an Campe: "Dem hiesigen Journal Vorwärts habe ich noch einige andre Gedichte gegeben, die ich ihnen mittheilen werde, sobald sie abgedruckt, Ihrem eignen Ermessen überlassend, ob sie für mein Buch nicht zu grell. (das Vorwärts hat nur 200 Abonenten!) –".[41] Campe nimmt "Die armen Weber" dann auch nicht in die "Neuen Gedichte" auf.

Heine bemüht sich daraufhin, zumindest den "Vorwärts" zu verbreiten. So schreibt er am 24. 10. 1844 an Campe: "Ich habe an Börnstein gesagt, daß er Ihnen 5 Ex (emplare) des Vorwärts zuschicke, wovon Sie selbst 1 Ex (emplar), Hocker 1 Ex (emplar) nehmen und gewiß die andren 3 Ex (emplare) unterbringen werden; das ist das wenigste, was wir thun. Es muß aber aus vielen Gründen etwas gethan werden. Uebrigens hält sich das Blatt.–"[42] Arnold Ruge berichtet später, er und Marx hätten Heine gedrängt: "Lassen Sie doch die ewige Liebesnörgelei und zeigen Sie den politischen Lyrikern einmal, wie man das richtig macht – mit der Peitsche."[43] Dieser Anspruch Ruges auf die geistige Initialzündung muß allerdings stark eingeschränkt werden. Zum einen bezieht Heine im Streit Ruges mit Marx über die Bedeutung des schlesischen Weberaufstandes eindeutig die Position von Karl Marx, zum anderen existieren auch schon vor diesem Zeitpunkt ähnliche sozialkritische Tendenzen in früheren Gedichten Heines, erscheinen in "Vorwärts" bereits seit Anfang des Jahres seine Texte. Schon deshalb ist Skepsis gegenüber Ludwig Marcuses These angebracht, die "schlesischen Weber" stünden nicht im Zusammenhang mit den kommunistischen Ideen, sondern mit dem ganz anders gelagerten Interessen Heines an Deutschland: "Wenn man mit Marx' soziologischer Analyse der bürgerlichen Gesellschaft dreier europäischer Länder Heines Gedicht vergleicht, so kann nicht der geringste Verdacht eines mehr als äußerlichen Zusammenhangs aufkommen. Heine seziert nicht die Bourgeoisie, sondern apostrophiert im höchsten Affekt Deutschland."[44] Gerhard Storz widerspricht dieser Auffassung: "Beides, dichterische Objektivierung und zugleich persönliche Parteinahme, hebt das Gedicht aus der lyrischen Dichtung Heines hervor."[45] Peter Demetz vertritt einen ähnlichen Standpunkt wie Marcuse, kehrt allerdings die Verhältnisse um: "Der junge Marx konnte manches von Heine lernen, der ihm in der geistreichen Erkenntnis politischer und wirtschaftlicher Realitäten weit vorangegangen war. (...) Kein Zweifel: im Jahre 1843 war Heine in der Analyse wirtschaftlich-künstlerischer Zusammenhänge, wie sie sich in der französischen Öffentlichkeit beispielhaft offenbarten, wesentlich weiter fortgeschritten als der jugendliche Marx."[46] Hierbei übersieht Demetz zweifellos, daß Heines Text in die Reihe der "Vorwärts"-Artikel gehört, die am 6. Juli 1844 mit den "Webern am Riesengebirge" (vermutlich von Bernays) beginnt und über Ruges Aufsatz bis hin zu Marx' abschließender grundsätzlicher Analyse am 7. und 10. 8. 1844 reicht. Seine Absicht, den Dichter von den Ideen des Marxschen Kommunismus abzugrenzen, um nicht seine "Größe" zu gefährden, zeugt deutlich von einem idealistischen Literaturverständnis des über den Parteien (vor allem den linken) schwebenden Schriftstellers: "Heine selbst war aber durch sein dichterisches Temperament wie durch seine gedanklichen Neigungen völlig abgeneigt, dogmatisch die Partei der einen oder anderen zu ergreifen oder sich gar von ihr ergreifen zu lassen."[47] Dabei soll Heines zwiespältige Einschätzung des Kommunismus gar nicht heruntergespielt werden, nur trifft sie sicherlich nicht auf die um das Jahr 1844 entstandenen Zeitgedichte und das "Wintermärchen" zu. Insbesondere aber die These Marcuses von der preußisch "ironisierten" Dreieinigkeit und die Behauptung: "Das Gedicht hätte auch zehn Jahre früher geschrieben werden können",[48] sind völlig haltlos. So ermöglichen die radikalen Pariser Blätter überhaupt erst den Druck dieser Texte, verschärft sich seit 1840 die politische und die soziale Situation in Frankreich und Deutschland und damit auch die oppositionelle Haltung der Literaten. Das freundschaftliche Verhältnis zu Marx sehen Lukács,[49] Lehrmann[50], Kreutzer[51] und andere als ausschlaggebend an. Eleanor Marx-Aveling schreibt in ihren Erinnerungen: "Es gab eine Zeit, wo Heine tagaus tagein bei Marxens vorsprach, um ihnen seine Verse vorzulesen und das Urteil der beiden jungen Leute einzuholen. Ein Gedichtchen von acht Zeilen konnten Heine und Marx zusammen unzählige Male durchgehen, beständig das eine oder andere Wort diskutierend und so lange arbeitend und feilend, bis alles glatt und jede Spur von Arbeit und Feile aus dem Gedicht beseitigt war."[52] Auch der Briefwechsel von Marx und Heine zeigt diese enge Verbundenheit. Am 21. 9. 1844 schreibt Heine aus Hamburg an Marx, bittet um einen Abdruck des "Wintermärchens" im "Vorwärts" und um die Vermittlung von Rezensionen in der deutschen Presse. Der Brief schließt mit den Worten: "Ich kann nicht überlesen, was ich geschrieben – aber wir brauchen ja wenige Zeichen, um uns zu verstehen!"[53] Am 12. 1. 1845, kurz vor seiner Ausweisung, fragt Marx den "lieben Freund" nach einer Mitwirkung an den "Rheinischen Jahrbüchern" und bemerkt: "Von allem, was ich hier an Menschen zurücklasse, ist mir die Heinesche Hinterlassenschaft am unangenehmsten. Ich möchte Sie gern mit einpacken."[54]

Am 24. 3. 1845 erneuert Marx den Wunsch nach einigen Gedichten für Püttmanns Vierteljahrbuch und unterrichtet Heine über den Verkauf des "Wintermärchens".[55] Anfang April 1846 kündigt Marx ihm eine ausführliche Kritik des Börne-Buches an und ergreift in diesem Streit Heines Partei: "Eine tölpelhaftere Behandlung, als dies Buch von den christlich-germanischen Eseln erfahren hat, ist kaum in irgendeiner Literaturperiode aufzuweisen, und doch fehlt's keiner deutschen Periode an Tölpelei."[56]

In zahlreichen weiteren Briefen von Engels und Marx finden sich anteilnehmende und lobende Äußerungen über Heine.[57] Engels setzt nach der Brüsseler Emigration von Marx den Kontakt mit Heine bis in die fünfziger Jahre fort.[58] Engels Interesse zeigt sich auch in der sofortigen englischen Übersetzung des Gedichtes in "The New Moral World", Nr. 25 vom 13. 12. 1844. Engels stellt den englischen Lesern die aktivsten literarischen deutschen Sozialisten vor und ergänzt: "Außer diesen hat sich Heinrich Heine, der hervorragendste unter allen lebenden deutschen Dichtern, uns angeschlossen und hat einen Band politischer Lyrik veröffentlicht, der auch einige Gedichte enthält, die den Sozialismus verkünden. Er ist der Verfasser des berühmten Liedes 'Die schlesischen Weber', von dem ich Ihnen eine Übersetzung gebe, das aber, wie ich befürchte, in England als Gotteslästerung angesehen werden wird. Jedenfalls möchte ich es Ihnen mitteilen und nur bemerken, daß es sich auf den Schlachtruf der Preußen im Jahre 1813 'Mit Gott für König und Vaterland!' bezieht, der seither ein beliebter Ausspruch der loyalen Partei gewesen ist. (...) Mit diesem Lied, das im deutschen Original eines der stärksten Gedichte ist, das ich kenne, verabschiede ich mich für diesmal von Ihnen."[59] Alexander Schweickert urteilt in seiner Analyse des Gedichtes und der Beziehung zu Marx: "Seine Zeitgedichte können zum Teil als kommunistische Kampflyrik bezeichnet werden, ja, er verfaßt jetzt eines der besten kommunistischen Gedichte überhaupt. (...) Heine dichtet jetzt als Kommunist für die Kommunisten."[60] Sicherlich muß man diese Aussagen differenzieren, für diesen Zeitraum und angesichts der Rezeption der Texte spricht allerdings einiges für Schweickerts These. Die Behauptung der DDR-Germanistik, Heine habe das Gedicht geschrieben, "nachdem er von Karl Marx auf die große politische Bedeutung (des schlesischen Weberaufstandes) hingewiesen worden war,"[61] läßt sich allerdings historisch nicht belegen. Marx' Aufsatz über die Rebellion erscheint erst nach Heines Veröffentlichung. Gespräche über die schlesischen Vorkommnisse zwischen den Redakteuren und Mitarbeitern des "Vorwärts" sind höchst wahrscheinlich, können aber nicht bewiesen werden.

Engels Hinweis auf die Losung der reaktionären Kräfte: " Mit Gott für König und Vaterland", läßt sich an weiteren Beispielen bekräftigen. "Im

Berliner Verein 'mit Gott für König und Vaterland' erklärt ein Freund der octroyierten Verfassung, es sei penibel, daß man immer noch zur Durchsetzung seiner Interessen und Absichten dem 'Proletariat' Komplimente machen müsse."[62] Glaßbrenner entlarvt den Ausspruch in seinem Stück: "Eine Urwählerversammlung unter Wrangel" als Formel der rektionären Kräfte:

> "Lohnlakai Hüntche.
> Meine Herren, mein Wahlspruch is: mit Jott,
> vor Keenig un Vaterland!
>
> Brusicke. Wenn ick mir nich irre,
> hab ick *den* Jedanken schon mal jehört.
>
> Lohnlakai Hüntche.
> Ich jehöre janz uf de rechte Seite, indem ich,
> wie man zu sagen pflegt, vor de Loyjalität bin."[63]

Joseph Moll schreibt 1848 an den Kölner Arbeiterverein: "Die kurze Zeit, wo dem Volke Preß- und Versammlungsfreiheit ward, haben dem Proletarier, dem Landbauern hinlängliche Aufklärung gegeben, sich in Zukunft nicht mehr für Gott, König und Vaterland verdummen und ausbeuten zu lassen, sie werden nicht mehr geduldig Hungers krepieren, sondern nicht eher ruhen noch rasten, bis man ihnen ihre Rechte bewilligt oder bis sie sie mit Gewalt erlangt haben; die kurze Zeit hat ihnen hinlänglich bewiesen, daß dem Volke kein Heil wird, bis es sich selbständig zeigt."[64] Dieses Zitat läßt sich auch auf die Hauptgliederungspunkte des Gedichts beziehen; in der endgültigen Fassung umgreifen die drohenden Zukunftsvisionen der Einleitung und des Schlusses die dreifache Verfluchung.

Bereits am 7. 1. 1846 berichtet Heine Karl Grün von der endgültigen Fassung mit der Bitte, die Möglichkeit eines Abdruckes in Püttmanns "Album" zu überprüfen. Am 31. 1. 1846 enthält ein Brief an Grün als Beilage sieben Gedichte, darunter "Die schlesischen Weber".[65] Ein Brief an Ferdinand Lassalle vom 10. 2. 1846 bestätigt schließlich Heines Absicht.[66] 1847 erscheint dann der "revidirte" Text im Album.[67] Engels, der einen Verriß der Anthologie in seinem Artikel über "Die wahren Sozialisten" liefert, erblickt in den meisten Werken "nur einen qualmenden Rauch, der die Nacht noch dunkler erscheinen läßt, als sie wirklich ist, einen Rauch, durch den als unveränderlich helle Sterne nur die sieben Gedichte von Heine hindurchschimmern."[68]

2.2 Analyse

Über den *formalen Aufbau* des Gedichts liegt bereits eine umfangreiche Literatur vor. Besonders Hans Kaufmann weist auf die geschickte Verbindung von Makro- und Mikrostrukturen hin. Fünf- und Dreiteilung spiegeln sich, kunstvoll verwoben, selbst in den kleinsten Bestandteilen des Textes wider. Die fünf Strophen bestehen jeweils aus fünf Versen, der fünfte Vers enthält jeweils den Refrain; die Dreigliederung nach dem gängigen Schema von Einleitung, Hauptteil und Schluß wiederholt sich im Hauptteil, der seinerseits drei Strophen aufweist. Das Gedicht zeigt allerdings nicht, wie Politzer behauptet, das Wechselspiel zwischen Dichtung und Agitation: "Zu Beginn und am Ende der Ballade herrscht bei voller Sinnfälligkeit der sprachlichen Aussage die Dichtung, dazwischen bei voller Aussprache des Sinnfälligen die Revolte."[69] Dichterische Gestaltung findet sich vielmehr gleichermaßen in allen Strophen, die Revolte steigert sich gerade in der letzten Strophe im Krachen des Webstuhls, in der ununterbrochenen Arbeitstätigkeit. Auch kehrt die letzte Strophe nicht mehr zum Beschreibenden "Sie" des Anfangs zurück, sondern läßt die Weber selbst den Untergang der alten Gesellschaftsordnung verkünden.

Das syntaktische Gewebe zeigt ein einheitliches Grundmuster. Jede Strophe enthält eine zwei- oder dreigliederige Aufzählungskette, gegen Ende des Textes häufen sich die Wiederholungen (Strophe 4: "Wo"; Strophe 5: "Wir weben"). Paarweiser männlicher und weiblicher Reim kontrastieren mit dem reimlosen Refrain. Die Bevorzugung des männlichen Reims in der letzten Strophe untermauert formal die Steigerung zur letzten Drohung der Weber gegen das alte Deutschland.

Die Kontrastbildung setzt sich in der Wortwahl fort:
"Deutschland" – "Altdeutschland",
"König" – "Hunde",
"Tag" – "Nacht",
"Wir" – "Er",
"Reich" – "Elend", usw.

Antithetisch stehen sich auch das "Hoffen" und "Harren" der Weber und die Kennzeichnung Gottes ("er hat uns geäfft, gefoppt und genarrt") gegenüber. Eine Reihe paralleler Fügungen (z. B. "Winterskälte" und "Hungersnöte", "Schmach und Schande", "Fäulniß und Moder") und anaphorischer Bildungen ("Wo" am Versanfang, Strophe 4; "Ein Fluch" am Strophenanfang 2, 3, 4; "Wir Weben" am Versanfang und am Strophenende) dokumentiert zusammen mit den Aufzählungsketten und Antithesen den rhetorischen Charakter des Gedichts. Im Bereich der Verben treten ähnliche Zweier- und Dreierstrukturen auf. Alliterationen und die Akzentuierung von Doppelkonsonanten vervollständigen das Sprachrepertoire des raffiniert komponierten Textes:

"*G*otte, *geh*offt, *geh*arrt, *g*eäfft, *g*efoppt, *g*enarrt" (Strophe 2),
"*E*lend, *e*rweichen, *e*rpreßt, *e*rschießen", (Strophe 3),
"*F*luch, *f*alsch, *V*aterland, *f*rüh, *F*äulniß" (Strophe 4),
"*W*ebstuhl, *w*ir *w*eben" (Strophe 1 und 5).

Auch die äußerst kunstvolle Vokalreihung, der Wechsel von i-, a- und u-Lauten, Bindungen von Worten durch Assonanzen (f*a*lsch, V*a*terland, Schm*a*ch, Sch*a*nde, -kr*a*cht, T*a*g, N*a*cht – St*u*hl, T*u*ch, Fl*u*ch, H*u*nde, Bl*u*me, W*u*rm ... – *i*m d*ü*stern, s*ie* s*i*tzen, W*i*r, Sch*i*ffchen fl*ie*gt ...) verstärken das 'Gewebe'.

Eine formale Analyse mit den Methoden der linguistischen Poetik dürfte dem Gedicht einen recht hohen "Poetizitätsfaktor" nachweisen. Trotz dieser ästhetischen Qualitäten der bewußt erarbeiteten Strukturen erweckt das Gedicht nicht den Eindruck des Künstlichen. Dies liegt zum einen in seiner Nähe zur volkstümlichen Ballade begründet: "Die Drei-Zahl des Fluchens korrespondiert mit dem Refrain, ein Kunstmittel, das Heine bei aller Anhänglichkeit an das Volkslied sonst kaum je verwendet."[70] Weitere Ähnlichkeiten mit der Ballade zeigen sich in der geschickten Ausnutzung eines unregelmäßigen Metrums zur Betonung der Zentralbegriffe durch freie Füllung der Senkungen, im Wechsel von Auftakt und betonten Versanfängen ("Deutschland" 1,3; "Der den letzten" 3,3), zum anderen an kleinen grammatischen Verstößen: "gebeten". In der sprachlichen Verquickung von Bitten und Beten, in dem Verzicht auf semantische Eindeutigkeit wird formal die Auflösung der strengen Gottesbindung angedeutet. Der einzige unreine Reim des Gedichts ("gebeten" – "Hungersnöthen") unterstreicht dies.[71]

Der Rhythmus des Textes ahmt in seiner gewollten Unregelmäßigkeit die Geräusche des Webstuhls nach; er entspringt also aus dem Thema selbst, aus dem *Rhythmus der Arbeit*. Kennzeichnend für diesen Text ist neben seiner sprachlichen Virtuosität der Verzicht auf ironische oder satirische Stilmittel, ist das durchgängige und stetig gesteigerte Pathos. Heine läßt jegliche bloße Milieuschilderung fort, keinerlei Details und konkrete Begebenheiten beschränken die perspektivische Weite des Textes. So besitzt das Gedicht "keine äußere", sondern eine "innere" Handlung; der Prozeß, den es durchläuft, ist ein Gedankenprozeß.[72] Auch die Bildarmut (im Vergleich zu anderen Zeitgedichten) und die Solidarisierung des lyrischen Sprechers mit den Webern gegen Gott, König und Vaterland stehen im Dienst von Heines Wirkungsabsicht.

Die Drohung erfolgt nicht von einer zahlenmäßig bestimmbaren Gruppe; der erste Vers beginnt mit dem ganz allgemeinen "Sie", eine revolutionäre 'Masse' kündigt hier ihren revolutionären Protest an. Mit der Verfluchung von Religion, Herrscher und Staat wird nicht nur Zug um Zug die Erwartung auf Hilfe durch diese Instanzen enttäuscht, sondern Heine zeigt sie auch als Mitschuldige am Elend der Weber. Der Regent entpuppt sich als Interessenvertreter der Bourgeoisie ("König der Reichen"), er sorgt durch seine Beamten für die schonungslose Eintreibung der Steuern ("den letzten Groschen von uns erpreßt") und läßt Streiks und Demonstrationen der Arbeiter durch das Militär mit Waffengewalt niederschlagen ("wie Hunde erschießen läßt"). Die Weber des Gedichtes reagieren auf diese Erkenntnis mit gesteigerter Arbeitsintensität ("emsig Tag und Nacht", einem fünfmaligen "wir weben" in der Schlußstrophe) und der Ankündigung, diesen Staat und seine Verhältnisse gerade durch ihre Arbeitstätigkeit zu beseitigen ("wir weben dein Leichentuch"). Das von der Masse gesprochene Gedicht wendet sich wiederum an diese zurück[73], es zielt auf die Auflösung der "moralistisch-methaphysischen Vernebelungsideologie. Sie wird als Herrschaftsinstrument entlarvt. Ein durch seine Herkunft besonders geschärftes soziales Gewissen und demokratische Überzeugung richten sich gegen die Deklassierungs-, Ausbeutungs- und Unterdrückungspraktiken der Klassengesellschaft."[74]

Raffiniert verbindet Heine nach den zwei episch einleitenden Zeilen der ersten Strophe den einzigen Vers ohne Auftakt mit dem Einsetzen des anonymen Chores. Barker Fairley belegt das Einsetzen dieses Stilmittels (epische Einleitung, danach Chor) in Heines mittleren und späteren Jahren und zieht Parallelen zu den Chören im "Wintermärchen", "Rhampsenit" und anderen Texten.[75] Die Verbindung, die hier zu den webenden Göttinnen der Germanen besteht, stellt Kaufmann ausführlich dar.[76] Insbesondere der Hinweis auf das von Herder mitgeteilte Schlachtlied signalisiert die Nähe zur nordischen Mythologie, zum Schicksalsspruch der Nornen.

"Der Webegesang der Valkyriur" beginnt in den Strophen vier, fünf und sechs mit den Versen:
"Wir weben, wir weben
Schlachtgewebe!"[77]
Diese zukunftsweisende, prophetische Deutung enthält ähnliche Tendenzen wie die Drohung der Weber. Entscheidend in dem Wiederaufgreifen "dieses Sinnbildes vom Weben als schicksalbestimmende Tätigkeit"[78] ist aber die Umdeutung, die Heine vornimmt. Nicht mehr ein von überirdischen Mächten diktiertes Los bestimmt die gesellschaftlichen Zustände, sondern das sich seiner Situation bewußt werdende Proletariat beginnt, sein Schicksal selbst in die Hand zu nehmen und dem Staat und den herrschenden Mächten den Untergang anzukündigen. Heine verlegt das Schicksal vom Himmel auf die Erde. Auf diese Weise ergibt sich eine nicht zu übersehende Übereinstimmung mit dem Lied der Lyoner Seidenweber (vgl. Materialien, S. 81–82). Schon hier wendet sich das Proletariat gegen Kirche und König und sagt die eigene Herrschaft an. Der Chor der Weber, die Dreiteilung und der Refrain sind ebenfalls vorgeprägt. Karl-Heinz Fingerhut weist in diesem Zusammenhang auf den Kontakt Heines mit Béranger und dessen sozialkritische Gedichte hin, die Heine davon überzeugen, "daß auch die Lyrik Dimensionen besitzt, die ohne Aufgabe des künstlerischen Anspruchs den Zugriff auf die Realität und ihre politischen Konflikte möglich macht."[79]

Eine direkte Verbindung zum "Blutgericht" besteht nicht. Marx, der das Lied wahrscheinlich von Wolff aus Breslau erhielt, ließ es möglicherweise auch Heine zukommen, gesichert ist dies jedoch nicht. Wenn Heine Kenntnis davon nahm, muß sein Text als Gegenentwurf verstanden werden. Zwar beinhaltet das Gedicht der Weber in Peterswaldau und Langenbielau eine Verfluchung: "Ihr freßt den Armen Hab und Gut, Und Fluch wird euch zum Lohne" – aber hier richtet der Fluch sich ausschließlich gegen die Fabrikanten. Die wirklichkeitsnahe Darstellung des proletarischen Lebens mit all seinen Details fehlt bei Heine. Die Haltung der Weber zu Gott als letzte strafende Instanz läuft der Heineschen Verfluchung völlig zuwider.

Ein Vergleich mit der ersten Fassung des Gedichtes (vgl. Materialien, S. 78–79) zeigt, daß die Schlußfassung mehr als eine bloß 'artistische Rundung' bringt. Die Unterbrechung der wörtlichen Rede durch den erzählenden Vers: "Das Schiffchen fliegt, der Webstuhl kracht" bringt die äußere Situation der schlesischen Weber wieder in Erinnerung. Sie bereitet gleichzeitig die letzte Steigerung vor. Beginnt der vierstrophige Text mit dem Schlußvers: "Altdeutschland, wir weben dein Leichentuch", so erhält er jetzt durch die Entwicklung von "Deutschland" (Strophe 1) zu "Altdeutschland" (Strophe 5) und durch die Wiederaufnahme des Verses: "Wir weben hinein den dreifachen Fluch" in einer eigenen fünften Strophe den Charakter eines Endurteils. Die symmetrische Abrundung und die Rückwendung zur Anfangssituation haben also durchaus inhaltliche Bedeutung.

Die Umgestaltung einzelner Zeilen wie die Verfluchung Gottes, dessen Hilfe in "Winterskälte und Hungersnöthen" ausblieb, evoziert in der endgültigen Fassung eine "ausgesprochene Mangelsituation, in der fundamentalste Bedürfnisse, Wärme- und Nahrungstrieb nicht stillbar sind".[80] Die vierte Strophe vermittelt im Motiv der früh geknickten Blume die geringe Lebenserwartung.

2.3 Wirkungsgeschichte

Die Schwierigkeiten, die diesem Text von der Zensur drohen, kannte Heine, wie sein Brief an Campe beweist, durchaus. Dennoch kursieren noch im gleichen Jahr mehrere Flugblätter mit dem Webergedicht in Deutschland und in der Schweiz. Am 2. 11. 1844 beschlagnahmt die preußische Polizei in Berlin, Spandauerstr. 54, bei einem Kommis ein Flugblatt "Die schlesischen Weber". Es enthielt neben dem modifizierten Heine-Gedicht eine entsprechende Erläuterung (vgl. Materialien, S. 79–81). Aus den ersten Verhören ergab sich, daß es sich bei den Lesern und Verteilern um Berliner Arbeiter handelte. Laut Bericht des Polizeidirektors Duncker vom 9. 11. waren vier kleine Pakete dem verhafteten Arbeiter Stendet zugekommen, der "mehrere Exemplare dieser 'in aufrührerischem Tone gehaltenen und mit verbrecherischen Äußerungen angefüllten Ansprache an die Armen im Volke' in einem Berliner Wirtshaus zu verteilen suchte."[81] Den polizeilichen Ermittlungen zufolge enthielt das Flugblatt die modifizierte Form des Heine-Textes aus dem "Vorwärts", war aber in einer deutschen Stadt gedruckt worden und kam wahrscheinlich aus Schlesien. Dieser Hinweis erscheint aufgrund der Korrespondenz-Verbindung der Breslauer Sozialisten (Wilhelm Wolff) mit Berliner Kreisen und der regelmäßigen Zusendung und Diskussionen des Pariser "Vorwärts" durchaus als brauchbar. Insbesondere eine wörtliche Übereinstimmung der Flugblatt-Erläuterung mit einer Stelle aus Wolffs Aufsatz über den schlesischen Aufruhr, bestärkt diese Vermutung: "Den Armen Almosen geben, um ihnen zu helfen, heißt einige Tropfen Wasser in eine Sandwüste schütten, um sie fruchtbar zu machen."[82]

Der Text des Flugblattes enthält im ersten Teil eine ausführliche Erläuterung des Gedichtes. Als Gliederung dient die reaktionäre Formel von Gott, König und Vaterland. Dabei faßt der Autor sie in einigen Punkten weiter und konkreter als Heine. Der Gegensatz von ausgebeuteten Webern und Borgeoisie erscheint durchgehend schärfer formuliert. Das Vaterland stellt sich als eine von Klassengegensätzen zerrissene, in sich zerstückelte Nation dar. Vor allem die Lösung, die Aufhebung der Spaltung in "Herren" und "Knechte" und die Beseitigung der Ausbeutung, deutet auf utopisch-sozialistische Vorstellungen hin. Nicht "erbärmliche Almosen" helfen dem Volk, sondern "menschliche Gesetze, die die Menschen vereinigen", die Solidarität mit den ausgebeuteten Nachbarvölkern und das gemeinsame Vorgehen in der Einsicht, "daß ihr (der Arbeiter) Heil nur in dem Umsturz alles Bestehenden liegen", führen eine dauerhafte Änderung herbei.

Die sich an die Erläuterung anschließende Neufassung von Heines Gedicht weist bemerkenswerte Unterschiede gegenüber der Erstveröffentlichung im Pariser "Vorwärts" auf. Der Flugblattext bemüht sich augenscheinlich um eine 'größere' Wirkung. So steht gleich zu Beginn "im finstern" an Stelle des schwächeren "im düstern". In der ersten Strophe erfolgt kein Wechsel der Perspektive (vom "sie sitzen" zum "wir weben"), sondern die Flugblattausführung fährt in der dritten Person eines fiktiven Erzählers fort: "sie weben dein Leichentuch", ändert den Beginn des vierten Verses in "und", den Refrain in ein dreimaliges "sie weben". Nicht die ästhetische Ausgewogenheit interessiert den anonymen Verfasser, sondern die Verstärkung der Aussage durch Wiederholung. In der zweiten Strophe vereinfacht der Autor die sich geschickt steigernde Aufzählungskette von Heine. Durch Auslassung eines Zeitwortes wird die dritte Zeile formal der zweiten angepaßt, so daß die Antithetik simpler und zugleich einprägsamer wird:

> "Ein Fluch dem Gotte, dem blinden und tauben,
> (...)
> Auf den wir gehofft, auf den wir geharrt,
> Er hat uns gefoppt, er hat uns genarrt.–"[83]

In der dritten Strophe steigert sich die Verwünschung des Königs in einer nachgestellten Apposition: "Dem obersten Henker der Freien und Gleichen". Die letzte Strophe konkretisiert das "falsche" Vaterland unmißverständlich als "deutsches". Die auch von Heine als nicht geglückt empfundenen abschließenden Zeilen ändert der Schreiber nicht ungeschickt in: "Elend" (ursprünglich 3, 2) und "Schande", "Lug und Trug", allerdings unter Aufgabe des reinen Reimes. So entsteht "eine höchst bemerkenswerte Variante zu Heines berühmtem Gedicht, die zwar ihr künstlerisches Vorbild nicht entfernt erreicht, die aber aus dem Worte des Dichters eine Waffe zu formen sucht, um den Kampf in seinem Geiste zu führen."[84] Ein weiteres Flugblatt findet unter dem Titel "Weberlied" Verbreitung. Der Ein-Blatt-Druck geht vielleicht auf Heine selbst zurück. Schon das Gedicht auf den kosmopolitischen Dingelstedt ("Nachwächter mit den langen Fortschrittsbeinen") war, als es die Zensur der "Eleganten Welt" nicht passierte, auf Heines Veranlassung als fliegendes Blatt erschienen. Auch die einzige geringfügige Änderung in der vierten Strophe von "Lüg und Schande" in "Trug und Schande" läßt auf eine Mitwirkung Heines schließen.[85]

Die weit verbreitete Kenntnis des Textes in der Arbeiterschaft zeigt eine Nachricht aus London vom 11. Juli 1847 von dem ungarischen Schriftsteller "Kertbeny (durch Draskóczy) an Heine: 'Der deutsche Westend Communisten Verein liest jeden Freitag als Eröffnungsgebet Ihr schlesisches Weberlied'".[86] Auch in der Berliner Sektion des Bundes der Kommunisten trägt man das Gedicht von Heine auf den Versammlungen vor. Püttmanns "Album" gehört zur Bibliothek des Arbeiterlesezirkels. Im polizeilichen Vernehmungsprotokoll des verhafteten Mitgliedes Friedrich Mentel heißt es hierzu: "Er (Dr. Meyen) las in der Regel aus den mitgebrachten Schriften etwas vor, namentlich aus dem Püttmannschen 'Album' Gedichte von Heine, unter diesen auch das Weberlied."[87]

Am 11. 11. 1847 veröffentlicht die "Deutsche-Brüsseler-Zeitung" (Nr. 90) ein anonymes satirisches Volkslied über den Prozeß.[88] Das Gedicht zirkuliert auch in Abschriften[89] und wird bereits im Frühjahr im Kommunistischen Arbeiterbildungsverein in London vorgetragen.[90] Im vierten Teil führt der Text Heines Gedicht an:

> "Unter allen großen Dichtern
> (...)
> Steht als schlimmster unbestritten
> Heinrich Heine obenan.

> Wer sein Weberlied gelesen
> (...)
> Wird als frommer Christ beipflichten,
> Daß solch unvernünftig Dichten
> Besser bleibe außer Land."[91]

Die nächsten Strophen besingen die polizeiliche Verfolgung des Weberliedes und die Bestrafung des Dr. Meyen zu zwei Jahren Gefängnis, weil er, laut Aussage von Mentel, Heines Text verbreitet habe. Bei der Gerichtssitzung über den Fall Meyen verliest der "Aktuarius" jedem Zeugen das staatsgefährdende Gedicht. So verflucht die preußische Justiz ihre eigenen Institutionen und auch der letzte unwissende Prozeßteilnehmer erhält Kenntnis vom Lied.

> "Rogan mußte nun verlesen
> Ganz genau, so wie's gewesen
> In dem Herterschen Lokal:
> Erst das Lied 'Die schles'schen Weber',
> Dann von Tschech, dem Attentäter,
> Jedes las er siebenmal."[92]

Am 17.12.1849, also nach dem Sieg der Reaktion, berichtet der Leipziger "Charivari" über einen Artikel des "Danziger Dampfbootes": "Das 'Dampfboot' bietet seinen Lesern folgendes Pröbchen der demokratischen – eben so religiösen als patriotischen – Poesie, wie sie in den Schweizer Handwerkervereinen floriren soll. Es heißt darin:

> 'Fluch dem Gotte, dem blinden, dem tauben,
> Zu dem wir vergeblich gebetet im Glauben,
> Auf den wir vergeblich gehofft und geharrt!
> Er hat uns gefoppt, er hat uns genarrt!
> Wir weben! Wir weben!'

> Fluch dem deutschen Vaterlande,
> In dem unser Erbtheil nur Elend und Schande,
> Alt-Deutschland, wir weben Dein Leichentuch,
> Wir weben hinein den dreifachen Fluch!
> Wir weben! Wir weben!'

(Traurige Poesie, die statt des Trostes nur Flüche auf den Lippen hat!)"[93]

Das revolutionärste aller Heine-Gedichte findet also in mehreren Fassungen trotz der Zensurmaßnahmen Zugang zur Arbeiterklasse. Der königlich-preußische Polizeidirektor Stieber teilt 1853 aus den amtlichen Akten mit, „daß man später bei vielen Mitgliedern des großen Kommunistenbundes Exemplare des folgenden, auf die Weber-Unruhen bezüglichen Gedichts gefunden hat."[94] Weitere Hinweise auf den Verfasser oder Heine finden sich nicht. Der Text stellt eine weitere Variante dar; teils folgt das "Weberlied" dem vom "Charivari" veröffentlichten Bruchstück, teils dem "Vorwärts", zeigt in beiden Fällen aber auch Unterschiede. So beginnt die erste Strophe im zweiten Vers direkt mit den sprechenden Webern: "Wir sitzen am Webstuhl", die zweite Strophe, mit der urspünglich dritten vertauscht, ersetzt "Groschen" durch "Heller" und ändert geringfügig die Versanfäge: "Der von uns-", "Uns dann-". Die dritte Strophe folgt völlig der Danziger Zeitschriftenmitteilung. Die letzte Strophe tauscht das Attribut "deutsch" gegen "schlecht" aus.

Im Düsseldorfer Heine-Archiv befindet sich eine Abschrift aus einem unbekannten Exzerptheft aus dem Jahr 1852, das eine weitere leicht geänderte Fassung des Berliner Flugblattextes bietet. Die erste Strophe benutzt ebenfalls durchgängig das 'erzählende' "Sie". Die drei Flüche entschärft der Schreiber durch den Akkusativgebrauch "einen Fluch", in der Schlußstrophe findet eine Parallelbildung der Versanfänge statt, wie sie auch die "Vorwärtsfassung" besitzt. Augenscheinlich besitzt der Verfasser keine gedruckte Vorlage, sondern zeichnet den Text aus dem Gedächtnis auf, was die Fortlassung des vierten Verses der letzten Strophe und des Schlußrefrains erklären könnte.

In den zeitgenössischen Anthologien taucht das Gedicht ebenfalls in verschiedenster Form auf. Neben dem "Album" von Püttmann druckt es auch noch im gleichen Jahr das "Deutsche Volksliederbuch" aus Mannheim.[95] Der Text folgt mit vier Varianten: "Gott(e)", himmlischem (kindlichem)", "Vaterland(e)", "Schand(e)" der Berliner Flugblattfassung. Der "Charivari" meldet am 24. 9. 1847: "Das vor Kurzem im Verlage von Heinrich Hoff erschienene 'Deutsche Volksliederbuch', das, beiläufig erwähnt, großen Anklang gefunden hat, ist von unserer überaus löblichen Polizei mit Beschlag belegt und der Verleger, auf Requisition des Stadtamts, durch den Staatsanwalt Loewig, der Majestätsbeleidigung und des Hochvorraths angeklagt worden (...), der Herr Staatsanwalt (hat) als Strafe für beide Verbrechen auf drei Monate Arbeitshaus angetragen."[96]

1848 veröffentlicht Hermann Rollett Heines Gedicht im "Republikanischen Liederbuch"[97] in derselben Fassung ohne den 'Fehler' der letzten Strophe. Als im gleichen Jahr noch eine zweite Auflage des Buches erscheint, greift die Staatsbehörde wieder zu den erprobten Methoden. Am 18. 8. 1848 erfährt der Leser des "Charivari": "Der Buchhändler C. W. Naumburg ist wegen des in seinem Verlage erschienen 'Republikanischen Liederbuchs' in Criminaluntersuchung gerathen."[98]

1849 bringt J. C. J. Raabé die Fassung des "Republikanischen Liederbuches" in einer neuen Anthologie[99]; in der zweiten, sehr vermehrten Auflage von 1852 erscheint dann eine Mischung aus der revidierten Fassung und dem Flugblatttext.[100] Die erste Strophe folgt, bis auf den nur noch zweifach verwendeten Refrain, der ursprünglichen, die Strophen zwei bis fünf im wesentlichen der endgültigen Gestalt. 1851 gibt Püttmann die zweite, textgleiche Auflage seines "Albums" heraus unter dem Titel: "Socialistisches Liederbuch mit Original=Beiträgen von H. Heine, F. Freiligrath, G. Werth und Anderen". Die Sammlung gehört mit Raabés "Republikanischen Liedern und Gedichten" zu den "Büchern, welche in Preußen, laut polizeilicher Verordnung, in Leihbibliotheken nicht geführt werden dürfen."[101]

Neben diesen politischen Lyriksammlungen erfolgt nur in ausländischen Zeitungen eine weitere Verbreitung. Adalbert von Bornstedt, ehemaliger Mitarbeiter des "Vorwärts", rückt Heines Gedicht in die von ihm redigierte "Deutsche-Brüsseler-Zeitung" am 14. 2. 1847 ein. Am 4. 4. 1847 kommt in Paris ebenfalls die vollständige deutsche Fassung mit einer französischen Übersetzung und Einleitung in "La Démocratie Pacifique" (Nr. 81) heraus, wahrscheinlich von Alexander Weill verfaßt. In Deutschland übernimmt die Zeitschrift "Die Verbrüderung", vom Zentralkomitee für die deutschen Arbeiter von 1848/49 herausgegeben, den Text und bezieht ihn damit direkt in die revolutionären Auseinandersetzungen ein. Die Redakteure des Blattes stellt man wegen der Veröffentlichung vor Gericht.

Danach wagt es erst wieder der sozialdemokratische "Volksstaat", das Gedicht am 27. 5. 1871 abzudrucken. Der Text fällt damit in die Zeit kurz nach der Niederwerfung der Pariser Kommune und dem deutschen Freudentaumel über den glorreichen Sieg über Frankreich. Konrad Haenisch berichtet: "Dies Heinesche Weberlied hat in der Gewalt seines dreifachen Fluches die herrschenden Mächte des alten Staates so getroffen, daß noch fünfzig und sechzig Jahre nach seiner Entstehung, im Deutschland Wilhelms des Zweiten, der Abdruck des Liedes an sozialdemokratischen Zeitungsleuten mit einem halben Jahre Gefängnis geahndet zu werden pflegte!"¹⁰²

Da Campe die "schlesischen Weber" nicht in die "Neuen Gedichte" mit aufnimmt, erscheinen sie erst später in den Gesamtausgaben. Dabei stellt sich eine wohl absichtliche Textänderung ein. In der "rechtmäßigen Original-Ausgabe" des Campe Verlages von 1863 ersetzt man "Ein Fluch dem Gotte" durch "Ein Fluch dem Götzen". Der Herausgeber merkt zwar die Variante "Gott" aus Püttmanns "Album" an, beruft sich aber auf das in den Händen von Julius Campe liegende Original. Die Lehrerzeitung der DDR spricht von einer Handschrift des Dichters, die der Herausgeber Strodtmann angeblich benutzt.¹⁰³

Eine derartige Fassung existiert jedoch weder in den Flugblättern und Zeitschriften noch in den Handschriften, vielmehr scheint sich Engels' Befürchtung, das Lied würde "in England als Gotteslästerung angesehen"¹⁰⁴ werden, außerhalb Englands zu erfüllen. Der "Götze" findet sich in einem Raubdruck von 1869 in Amsterdam¹⁰⁵ und in einer weiteren holländischen unrechtmäßigen Ausgabe wieder.¹⁰⁶ Die sozialdemokratischen Liederbücher übernehmen diese 'Fälschung' weitestgehend, und auch in Mehrings zehnbändiger Heine-Ausgabe¹⁰⁷, ja selbst in der DDR findet sie sich noch 1961¹⁰⁸ Der Heine-Kalender der DKP ¹⁰⁹ von 1972 enthält sie ebenso wie einige Lesebücher.¹¹⁰ Die Diskussion um diese Stelle schlug in der DDR 1954 immerhin so hohe Wellen, daß sich sowohl die "Deutsche Lehrerzeitung", als auch das Ministerium für Volksbildung einschaltete. Der erste Artikel des Verbandsblattes beginnt mit einem Hinweis der Redaktion: "In letzter Zeit haben einige Eltern sich dagegen gewandt, daß im Unterricht das berühmte Gedicht Heinrich Heines 'Die Weber' behandelt wird. Die erschütternde Anklage Heines gegen die kapitalistische Ausbeutung wird von diesen Eltern fälschlicherweise als ein 'Angriff auf die Religion' angesehen. Wir haben uns deshalb gerade an christliche Lehrer gewandt und um ihre Stellungnahme gebeten."¹¹¹ Heinz Gulich versucht dann eine Klärung der historischen Bedingungen, die zu diesem Fluch führten, aufzuzeigen und zwischen einem "verfälschten" Glauben der feudalen und kapitalistischen Kreise und einem engagierten parteilichen Christentum zu unterscheiden: "Es richtet sich der Fluch, den Heinrich Heine die Weber sagen läßt, nicht gegen Gott, sondern gegen die modernen Pharisäer jener Zeit, nicht gegen den wahren dreieinigen Gott unseres Glaubens, sondern gegen das Zerrbild eines Götzen, den die Ausbeuter aus ihm zu machen suchten."¹¹² Eine völlige Absage aus einem rein materialistischen Wissenschaftsverständnis heraus, eine atheistische Position, wie sie der Marxismus sonst vertritt, wagt man interessanterweise dem Leser nicht anzubieten. Im gleichen Sinne nimmt nur vierzehn Tage später das Ministerium hierzu Stellung: "Heinrich Heine wendet sich nicht gegen Gott, zu dem ein Christ betet, sondern gegen die Verfälscher des wahren christlichen Glaubens, die am Elend der Mitmenschen nicht nur vorübergehen, sondern es verursachen."[113] Ansonsten erklärt die Kultusbehörde der DDR Heines Gedicht zur Pflichtlektüre des siebten Schuljahres, dessen "Vortrag bei der Versetzungsprüfung gefordert wird."[114]

Schulsammlungen berücksichtigen das Gedicht schon in der Weimarer Republik[115], nach 1945 findet es sich in zahlreichen Anthologien und einigen Lesebüchern. Das literarische Handbuch von Best nennt es als *das* Beispiel für soziale Dichtung.[116] Die wiederholten didaktischen Unterrichtshinweise zeigen, daß es auch in der BRD einen festen Platz im Literaturunterricht hat.[117] In der älteren Literaturgeschichtsschreibung bestätigen die Autoren zunächst alle Vorurteile und Verleumdungen gegen Heine. Man spielt den unpolitischen gegen den engagierten Dichter aus,[118] oder gelangt zu solch skurrilen Urteilen wie: "Herb sozialdemokratisch, aber nicht deutsch-patriotisch ist das düstere Fluchlied."[119] Bei Hermann Pongs, einem Parteigänger des Nationalsozialismus, heißt es: "Das Weberlied Heinrich Heines (...) des seiner Kunstmittel bewußten Schriftstellers, des Pariser Emigranten, der jenen selben Weberaufstand zum Anlaß nimmt, ein erstes Hetzlied des Klassenkampfes zu dichten, in das der Haß des heimatlosen Juden gegen Deutschland eingeflossen ist. (...) So verrät sich vor jener elementaren Lebenswahrheit Heines Deutsch als papierenes Deutsch, als Leitartikeldeutsch, das die einfach nackte Not der Armen aus der Lage des Intellektuellen sieht, der zur Empörung verleiten will."[120]

Noch nach 1945 artet Heines politisches Werk für einige Literaturhistoriker "in Schmutz aus".[121] Julia Plohovichs Beurteilung Heines, dessen 'zersetzender, destruktiver Geist' und 'destruktive Natur' 'zur Demokratie' führen, erbringt in der Textanalyse die 'Zerstörung und Unterwühlung sowie das Verderben Deutschlands' durch den Proletarier, 'der nicht mit dem schüchternen Weber aus Schlesien vergleichbar' ist.[122]

Karin Gafert beruft sich bei ihrer abschließenden Einschätzung auf Paul Marx' These von der Diskrepanz der dreifachen Verfluchung und dem Bewußtsein des schlesischen Webers: "Wenn dieses Heinesche Weberlied statt des unbeholfenen, aber aus der Volksseele geborenen echten Weberliedes im Juni 1844 in den Dörfern des Eulengebirges verbreitet worden wäre, dann wäre kein Stein nach Zwanzigers Hause, eher noch einer nach dem Haupte des Dichters geflogen."[123]

Die Abgrenzung des "Blutgerichts" von Heines Text (siehe auch bei Pongs) geschieht bei Paul Marx allerdings unter dem 'Vorwurf' der "raffiniertesten Kunst" und der immer nützlichen "Dolchstoß"-Legende gegen das eigene Vaterland und entlarvt sich damit selbst.[124] Auf die Flugblätter, die in die Hände der Arbeiter und Handwerker gelangen, und auf die revolutionäre Tradition (durchaus verbunden mit französischem Gedankengut) ist bereits hingewiesen worden.

Ein weiteres Kennzeichen für die anhaltende Wirkung des Gedichts sind die zahlreichen Einzelübersetzungen und Vertonungen. In der russischen Revolution von 1905 singt man das Gedicht in der Ukraine. Die dreifache Verfluchung wendet sich dabei gegen den Zaren und seine Helfer.[125] In Deutschland, zunächst durch die sozialistischen Arbeitersprechchöre vermittelt,[126] erfolgen später Vertonungen durch Ambrosius[127], David[128] und Gundlach[129].

Daß sich das Gedicht in dieser Breite durchsetzen konnte, lag sicherlich nicht an den offiziellen Kulturverwaltern. Die staatlichen Stellen reagieren zunächst auf den Text mit äußerster Erbitterung. Neben dem bereits erwähnten Vorgehen gegen die Anthologie-Herausgeber und Journalisten schreitet man selbst gegen die Buchhändler ein. Der "Charivari" berichtet aus dem 'liberalen' Stuttgart am 25. 6. 1845: "Die Strafe, welche der Buchhändler Heerbrandt wegen des bewußten Gedichtes von Heinrich Heine erleiden soll, ist von fünf Monaten Festung auf neun Wochen gemildert worden."[130]

Noch wichtiger erscheint es den preußischen Behörden, den "Vorwärts" zum Schweigen zu bringen. Schon am 16. April 1844 erhalten alle preußischen Oberpräsidenten den Auftrag, Heine, Marx und Ruge beim Betreten preußischen Bodens zu verhaften. Ein Tag nach Heines Veröffentlichung ergeht am 11. Juli ein Haftbefehl der preußischen Regierung gegen die Mitarbeiter des "Vorwärts". Ende Juli dringt der Staatsbeamte von Arnim beim französischen Minister Guizot auf ein Verbot der Zeitschrift, Anfang August auf ein amtliches Vorgehen gegen die Redakteure. Am 12. September weist Friedrich Wilhelm IV. den Innenminister persönlich an, Heine beim Überschreiten der Grenze festzunehmen. Schließlich setzt sich die preußische Regierung mit ihrem Wunsch nach Ausweisung der Mitarbeiter und dem Verbot des Blattes teilweise durch. Am 21. 1. 1845 verlassen Adalbert von Bornstedt und Ende Februar Marx Paris und begeben sich nach Brüssel, Heine entgeht den Maßnahmen. Mehrere Gründe sprechen zu seinen Gunsten: persönliche (Bekanntschaft mit einflußreichen Kräften auch in der Regierung), politische (die nationale Opposition duldet derartiges Nachgeben gegenüber Preußen keinesfalls) und juristische: "Heine war 1797 in Düsseldorf geboren, in einem seit 1794 von französichen Truppen besetzten Gebiet, und ein Revolutionsdekret gewährte den dort nach der Besetzung geborenen Personen das 'droit de cité', freies Aufenthaltsrecht in Frankreich."[131]

Im Grunde erweist sich das Vorgehen Preußens als diplomatische Niederlage. Marx veröffentlicht seine Artikel wenig später in Belgien in der "Deutschen-Brüsseler-Zeitung", die über direkte Verbindung zum Leipziger "Grenzboten" verfügt und mit den kommunistischen Zellen in Deutschland in Verbindung steht. Heine hingegen reist unbeanstandet in die freie Hansestadt Hamburg, schreibt sein "Wintermärchen" und für Friedrich Wilhelm IV. wohl höchstpersönlich die "Welsche Sage" und "König Langohr I". Heine wußte sich also durchaus für die preußische 'Freundlichkeit' zu bedanken. Sein Gedicht selbst löst ab 1844 eine Flut von weiteren Webergedichten aus. Insbesondere die utopisch-sozialistischen Schriftsteller wie Hermann Püttmann, Ernst Dronke, Karl Beck, Louise Otto nehmen sich des Themas an.

3. Adolf Schults: "Ein neues Lied von den Webern"

1

Die Weber haben schlechte Zeit,
Doch wer ist schuld an ihrem Leid?
Einleuchten muß es Jedermann:
Sie selber nur sind schuld daran.
Das alte Wort bewährt sich stets,
Das Sprichwort: Wie man's treibt, so gehts!
Sie sollten, statt zu klagen, weben,
So könnten sie gemächlich leben!

2

Die Weber haben schlechte Zeit –
Doch, wer ist schuld an ihrem Leid?
Was soll der übertriebene Putz?

Wozu ist der dem Volke nutz?
Braucht denn zum Rock ein Weber Tuch?
Ist ihm ein Kittel nicht genug?
Sie sollten, statt zu prunken, weben,
So könnten sie gemächlich leben!

3
Die Weber haben schlechte Zeit,
Doch wer ist schuld an ihrem Leid?
Was hungern sie nach Fleisch, nach Bier?
Sie sollten zügeln ihre Gier!
Das Sprüchwort sagt: Gesalzen Brod
Und Wasser färbt die Wangen roth!
Sie sollten statt zu prassen, weben,
So könnten sie gemächlich leben!

4
Die Weber haben schlechte Zeit –
Doch wer ist schuld an ihrem Leid?
Sonntags wirds Keinem je zu bald,
Da heißt es denn um Mittag: Halt!
Dann gehn sie dem Vergnügen nach
Den ganzen lieben Nachmittag:
Sie sollten statt zu schwärmen, weben,
Sie könnten sie gemächlich leben!

5
Die Weber haben schlechte Zeit,
Doch wer ist schuld an ihrem Leid?
Die Morgenstund hat Gold im Mund,
Früh aufstehn ist dem Leib gesund;
Sie sollten wach sein jeden Tag
Punkt viere mit dem Glockenschlag –
Sie sollten, statt zu träumen, weben,
So könnten sie gemächlich leben!

6
Die Weber haben schlechte Zeit –
Doch wer ist schuld an ihrem Leid?
Vier Stunden sind zum Schlaf genug,
Drum fragen wir mit gutem Fug:
Wer heißt die Trägen denn um zehn
Am Abend schon zur Ruhe gehn?
Sie sollten hübsch bis zwölfe weben,
So könnten sie gemächlich leben![132]

Daß es trotz des 'meisterhaften' Textes von Heine durchaus möglich ist, das Weberthema neu zu gestalten, ohne in eine epigonale Abhängigkeit zu geraten, zeigt das 1847 in Püttmanns "Album" erschienene "Neue Lied von den Webern".[133] Adolf Schults, der zu den Elberfelder Bekannten von Engels und zum Kreis der Wuppertaler Sozialisten gehört, stammt selbst aus einer Leineweberfamilie. Er arbeitet zunächst in der Seidenfabrik Simon und veröffentlicht Gedichte in verschiedenen Zeitschriften, so im Pariser "Vorwärts", daneben gesellschaftskritische "Correspondenzen aus dem Wupperthale" für Cottas Morgenblatt. "Die sozialistischen Texte (...) zeigen einen Dichter, der im poetischen Entwurf konkreter und in der Aussprache des sozialen Anliegens deutlicher als etwa Freiligrath oder Herwegh zu seiner Umwelt Stellung nahm."[134] Sein Lied behandelt das Thema anders als bisher, indem es mit ironischem Sarkasmus die Schuld an dem Elend der Weber den Armen selbst aufbürdet. Schults erkennt, daß eine erneute Elendsschilderung weniger politische Sprengkraft besitzt als eine ironische Parteinahme für die Ausbeuter. Indem er die Argumente der Bourgeoisie und ihre sprichwörtlichen Redensarten in gedrängter Form zusammenstellt, deckt er ihre Verlogenheit auf und enthüllt sie als sprachliche Mittel zur Aufrechterhaltung der gesellschaftlichen Verhältnisse:

Wie man's treibt, so geht's (1)
(...) Gesalzen Brot
Und Wasser färbt die Wangen roth! (3)

Schults läßt das reiche Bürgertum Verhaltensweisen formulieren und auf die armen Weber projizieren, die nur auf die Bourgeoisie selbst zutreffen. "Übertriebene(r) Putz", "prunken", "Gier", "prassen", "Vergnügen", "schwärmen" – das sind Vorwürfe, die sich gegen die "gemächlich leben(den)" Sprecher selbst wenden. Die *Ironie* erweist sich dabei als direkt durchschaubar, bedarf keines literarischen Vorwissens. Durch die Verwendung einer alltäglichen Sprache, einfacher Formen, parallelen Strophenbaus, durch Wiederholungen, Ein- und Ausgangsrefrain schafft Schults einen Grad von Volkstümlichkeit, die seine Lieder zu "wertvolle(n) Waffen für die Arbeiter des Wuppertals"[135] machen, wie Bruno Kaiser sagt.

In geschicktem Frage- und Antwortspiel wird der Leser bereits in der Eingangsstrophe über das Selbstverständnis der Bourgeoisie unterrichtet. Die Suche nach der Schuld, also nach den Ursachen des Elends, weist mittels eines Sprichworts auf die klagenden Weber zurück. Damit erübrigte sich eigentlich jede weitere Diskussion über die tatsächlichen Verursacher und die wirtschaftlichen Mechanismen. Da aber eine derart plumpe Rhetorik doch nicht "jedermann einleuchten muß", selbst der anonyme Sprecher wohl kein rechtes Zutrauen zu seiner sprachlichen Überzeugungskraft besitzt, führen die nächsten Strophen weitere Details für seine Anfangsbehauptung an.

Strophe 2 zielt auf das Bedürfnis nach Kleidung. Polemisch wird dem Arbeiter "Putz- und Prunksucht" unterstellt, entgegen hält man ihm den Weberkittel. Aus den zahlreichen Zeitungsartikeln und aus eigener Anschauung weiß der Leser allerdings, daß die Weber oft nicht einmal das dafür nötige Geld verdienen, sondern meist nur mit Lumpen bedeckt, ohne Schuhwerk, ohne Winterkleidung dahinvegetieren. Strophe 3 wendet sich gegen das "Prassen" und mit Demagogie gegen die weitverbreitete Trunksucht ("Bier"). Alkoholismus geben gerade die Fabrikanten und Behörden als einen der Hauptgründe des Pauperismus an. Angeboten wird hier den Arbeitern die sprichwörtliche Gefängniskost: "Wasser und Brot". Die volkstümliche Redewendung entlarvt sich bei genauer Betrachtung selbst, indem sie die reale Situation der Weber mit der des Zuchthäuslers auf eine Ebene stellt (Verurteilte hatten in Gefangenschaft, bei Wasser und Brot, Garn zu spinnen oder Tuch zu weben, so etwa der inhaftierte Vormärzschriftsteller und Revolutionsteilnehmer Gottfried Kinkel). In der nächsten Strophe geißelt der Sprecher das Freizeitverhalten der Weber, das Vergnügen am Sonntagnachmittag, den Müßiggang. Durch die indirekte Schilderung der Wochenarbeitszeit bis Sonntagmittag deckt er ungewollt auf, daß die Arbeiter nicht einmal über die Zeit zum Kirchenbesuch verfügen. Das Motiv Arbeitszeit wird dann in den letzten beiden Strophen weitergeführt und gesteigert. Strophe 5 setzt den Beginn des Arbeitstages mit 4.00 Uhr, die Schlußstrophe das Ende auf 24.00 Uhr fest. Wiederum dient ein Sprichwort dazu, die Inhumanität des räsonnierenden Bourgeois gegen dessen Absicht zu entlarven ("Morgenstund hat Gold im Mund").

Bei aller Einfachheit der Konstruktion liegt ein wohlkomponierter Text vor. So wechseln Strophen mit und ohne Sprichwort ab, in gleicher Folge variiert auch die Zeichensetzung im Eingangsvers, wohl um beim Vortrag zwischen flüssiger Formulierung (ganzer Satz mit Komma) und betont verzögerter und damit nachdrücklicherer Sprechweise (Satz mit Gedankenstrich) jeweils zu wechseln. Die Verteilung der Sprichwörter erfolgt in den Strophen auf verschiedene Verse (6,5,3), so daß das Gedicht trotz seiner Verswiederholungen, seiner jeweils gleichen rhetorischen Figuren, seiner Fülle von Alliterationen und Assonanzen nicht zum Leierkastenlied wird, nicht die formalen Mittel die inhaltliche Aussage überdecken. Der Text nutzt geschickt gerade die Spannung dieser beiden Ebenen (Inhalt / Form) aus. Bei aller gewollten Volkstümlichkeit gelingt Schults also ein ästhetisch durchaus qualitätsvolles Lied mit einer politisch nicht zu unterschätzenden Brisanz. Sie ergibt sich nicht zuletzt dadurch, daß der einzelne Leser das Gedicht selbst in seiner Ironie auflösen muß, sich so reflektierend mit der Problematik auseinandersetzt und sich im Gegensatz zum plakativen Agitationstext selber gezwungen sieht, Lösungen zu finden.

In den "Leierkastenliedern" von 1849 findet sich ein zweites Gedicht über die Weberthematik. Der Text "Die edlen Häupter der Industrie" geißelt das Verhalten der sich liberal und sozial gebenden Fabrikanten etwa vom Schlage Harkort. Die Verbrüderungsideologie des Bürgertums und der utopisch-sozialistischen Opposition erhalten eine ironische Abfuhr:

"Sie tranken Champagner nach altem Brauch
Und speiseten Gänseleber;
Hochherzig aber gedachten sie auch
Der armen, hungrigen Weber.
(...)
Und ließen – wie rührend! mit lautem Schall
Die 'braven Arbeiter' leben."[136]

Nach dem Scheitern der Revolution sieht Schults keinerlei Basis mehr für seine sozialkritischen Gedichte und schreibt nur noch unpolitische Haus- und Familienlyrik. Außer Püttmanns "Album" kümmern sich die engagierten Sammlungen des "Vorwärts", von Bab, Diederich, Henckell und Petzet um das "Neue Lied von den Webern".[137] Schults Text findet sich in neuen Anthologien bei Feudel und Kaiser, bei Merkelbach und Grab/Friesel.[138] Ansätze einer Bibliographie und eine eingehendere Untersuchung von Schults' Gedichten liefert Joachim Bark in seinem Buch: "Der Wuppertaler Dichterkreis".[139]

4. Unbekannter Verfasser: "Mein Vaterland"

1

Mein Vaterland, ich biete dir
Zwei kräft'ge Arme an,
Gieb mir ein Kleid und Brod dafür,
Ich bin ein armer Mann.

2

Ein träger Bettler bin ich nicht,
Ob ich um Mitleid fleh'.
Der Hunger ist's, der aus mir spricht,
Und Hunger thut so weh.

3

Halb unbekleidet ist mein Leib;
Ach! wär' ich noch allein,
Ich hab' ein Kind, ich hab' ein Weib,
Die Brod zum Vater schrei'n.

4

Der Webstuhl steht im meinem Haus,
Das Schiffchen fliegt nicht mehr,
Kein Fabrikant giebt Arbeit aus,
Wer doch gestorben wär'.

5

Brauchst du mich nicht mein Vaterland?
Nimm' meiner Knochen Mark,
Nur jetzt vom Hunger abgespannt
Erschein' ich nicht mehr stark.

6

Die Erde, die mein Schweiß gedüngt
Von frühster Kindheit an,
Die Heimath zu verlassen zwingt,
Die Noth mich armen Mann.

7

Als der Maschinengeist erwacht,
Verblühte unser Lenz,
Und England hat uns arm gemacht,
Durch seine Concurrenz.[140]

Aus dem gleichen Jahr 1844 wie Heines Webergedichte stammt der anonyme Text "Mein Vaterland". Das Lied findet sich in einer Sammlung von "Renegaten- und Communisten-Liedern", die Gedichte gegen die Juden, Emigranten (Herwegh), Kommunisten und für den 'hochherzigen' Adel enthält. So erstaunt auch nicht die direkte, vertrauensvolle Hinwendung an den Staat, den der Sprecher als "mein" Vaterland apostrophiert. Zwar schildern die zwei folgenden Strophen das Elend der Familie, aber nur im Bereich des Hungers, nennen den Fabrikanten, der keine Arbeit "ausgiebt"; als den eigentlichen Schuldigen geben die Schlußverse jedoch die englische Konkurrenz und die Maschinen an. Diese Verdrängung der deutschen wirtschaftlichen Ursachen ermöglicht es dem Sprecher, sich dem Staat als Diener anzubieten, Hilfe von denen zu erwarten, die seine Not nicht nur jahrzehntelang dulden, sondern durch die Feudalverhältnisse erst ermöglichen und herbeiführen. Dies steht im völligen Gegensatz zur tatsächlichen Rolle des Militärs im Vormärz. Wie im zweiten Kapitel aufgezeigt, dient die Armee nicht mehr ausschließlich zur Landesverteidigung, sondern mehr und mehr zum Schutz der bürgerlichen Wirtschaftsordnung, zur Aufrechterhaltung der kapitalistischen Ausbeutung. Die Soldaten haben gerade erst in blutigen Exzessen die Klasse niedergeschossen, der der Sprecher des Gedichtes anzugehören behauptet. In seiner Person dienen sich die Unterdrückten der herrschenden Ordnung an. Als letzter Ausweg wird die Auswanderung beschworen.

Die hilflosen Überlegungen des Sprechers dieser Strophen sind allerdings kein Einzelfall, zahlreiche Kommentatoren der sozialen Verhältnisse verfahren ähnlich. In den süddeutschen Staaten versucht man durch gesetzliche Maßnahmen wie Schutzzölle, Beschränkung der Niederlassungsfreiheit, zwangsweise Einführung von Arbeitersparkassen, Nichterteilung der Heiratserlaubnis, dem Pauperismus-Problem zu begegnen. Angesichts der rapide steigenden Auswanderungszahlen spricht man von einem "Entvölkerungsgesetz". Das Motiv der Auswanderung als Lösung oder der Vorschlag, die Maschinen wieder abzuschaffen, erscheinen bei zahlreichen Autoren als Ausweg. Eine ganze Reihe von Schriftstellern sieht in einer Rückwendung zur ständischen bzw. zur Agrargesellschaft die Lösung der Probleme. So läßt Goethe in "Wilhelm Meisters Wanderjahren" der Schweizer Tuchhändlerin Susanne wegen des "überhandnehmende(n) Maschinenwesen(s)"[141], das "alle Nahrung an sich zieht"[142], nur den Weg der Auswanderung nach dem vorindustriellen Amerika in eine nicht arbeitsteilige Gesellschaft. In Karl Immermanns "Epigonen" will die Hauptgestalt Hermann die "Ländereien dem Ackerbau zurückgeben" und ist bemüht, "die Fabriken eingehn" zu lassen und sich möglichst lange gegen den Industrialisierungsprozeß zu stemmen.[143] Ernst Willkomm strebt in seinem Roman "Eisen, Gold und Geist" eine Scheinlösung an. Um die Arbeitsplätze zu verdoppeln, betreibt der 'gute' Fabrikantensohn Helfer (!) die neuerbaute Spinnerei mit Wasserkraft statt durch Dampfmaschinen.[144] Diese überholten Produktionsmethoden stellen einen ökonomischen Rückschritt dar und bleiben damit undurchführbar. In dem Roman "Das Engelchen" von Robert Prutz führt der Webersohn "Reinhold, die alte, zünftige Weberkunst, wie sie zur Zeit seines Großvaters getrieben wurde, wieder" ein[145]. Noch Friedrich Gerstäcker läßt in seinem Roman "Nach Amerika" im Kapitel "Die Weberfamilie" den Weber Gottlieb klagen: "Die Fabriken und Maschinen geben uns ohnedies den Todesstoß"; die Familie beschließt daher die Auswanderung nach "da drüben über dem Weltmeer (...) den Maschinen und Räderwerken aus dem Weg."[146]

5. Karl Schmidlin: "Der arme Weber".
Ein Hülferuf.
(Wangen, Februar 1844)

1

Im tiefbeschneiten Dorfe macht
Der Wächter seine Runde:
Wie ruht's so still! Wohl Niemand wacht,
Zu hören seine Stunde?
Doch ja – ein Häuslein täuscht ihn nicht,
Hat wiederum das letzte Licht.

2

Ein armer Weber sitzt darin
In kalter Grub' am Stuhle,
Bei trübem Licht, mit trüb'rem Sinn,
Abschwirrend Spul' um Spule:
Ob warm sie ringsrum träumen nun,
Der arme Weber darf nicht ruh'n.

3

Er wachte gerne – manches Jahr
Hat er's ja so getrieben,
Ist unverdrossen immerdar
Ob seinem Werk geblieben,
Hat ehrlich Weib und Kind ernährt,
Sein spärlich Brod mit Dank verzehrt.

4

Doch jetzt – es übermannt die Noth
Des Armen redlich Ringen.
Kein Körnlein Frucht! Das theure Brod,
Kein Fleiß mag's mehr erschwingen!
In Hoffnung wob er und Geduld,
Doch leise wob sich – Schuld zu Schuld.

5

Wohl schweigt der Kinder hungernd Fleh'n
Gestillt vom späten Schlummer,
Ein holder Traum läßt Brod sie seh'n,
Und löst der Mutter Kummer;
Des Vaters Sorge aber wacht
Noch in der kalten Mitternacht.

6

Da sitzt er an der feuchten Wand
Vor seinem Weberstuhle,
Und schießt noch aus der starren Hand
Das Schifflein mit der Spule.
Ob Faden sich zum Faden legt,
Kein Hoffen mehr sein Herz bewegt.

7

»Wenn ich das Stück auch fertig hab'
Und bring's dem Juden morgen,
So zieht er mir am Lohne ab
Die Hälfte für sein Borgen;
Und kaum mag reichen noch der Rest
Zum Zins, um den man täglich preßt!« –

8

»Es hilft ja doch Nichts!« höhnt ein Geist
Der Hölle ihn erbitternd.
Es schaudert ihn. Der Faden reißt.
Er knüpft ihn wieder zitternd.
Wer hilft dem Armen, daß ihm nicht
Des Gottvertrauens Faden bricht?

9

Und wieder flüstert's ihm in's Ohr:
»Ich wüßte Brod zu schaffen;
»Es gilt nun einmal, frommer Thor,
Erlisten und Erraffen!«
Da faßt die Höllenangst den Mann,
Er greift die Arbeit hastig an:

10

Das Schifflein fliegt, die Lade schlägt,
Die Schemel klappen nieder,
Bis endlich spät der Sturm sich legt
Und Ruhe kehret wieder.
Der Feind ist dießmal abgewehrt;
O helfet, eh' er wiederkehrt! –

11

Der Wächter kommt zum kleinen Haus
Auf letzter Runde wieder.
Da lischt des Webers Lampe aus,
Er legt sich betend nieder:
»Herr, gib uns unser täglich Brod,
Erlös uns aus der Sünden Noth!«

12

Es hüllt die Nacht den Jammer ein,
Die Seufzer still verklingen.
Doch Er, der hört der Raben Schrei'n
Und sieht der Seelen Ringen,
Gott ruft: "Wer will mein Engel seyn
Und geht mit Trost zur Hütte ein?"[147]

Nicht soziales Elend steht in diesem Flugblatt des Württemberger Pastors Karl Schmidlin im Vordergrund, sondern der Glaubenskonflikt des armen Webers, die mögliche Verführung durch das Böse. Zwar beschreibt das Gedicht das Elend des Webers, den Hunger der Kinder, die Nachtarbeit, – aber die Ursache hierfür wird nicht in den kapitalistischen Wirtschaftsstrukturen gesehen. Die Ausbeutung erfolgt nicht durch die bürgerlichen Unternehmer, sondern durch den – Juden und seine Wucherzinsen.

Mit diesem "Hülferuf" schreibt Schmidlin ein – im wahrsten Sinne des Wortes – Butzenscheibengedicht. Der Leser blickt zusammen mit dem Dorfwächter beim nächtlichen Rundgang in der ersten Strophe durchs Fenster des Weberhauses. Mit dem letzten Gang des Wächters (vorletzte Strophe) verdrängt der Autor endgültig die soziale Problematik. Die Schlußstrophe enthält den moralischen Appell, das Gesehene in aktive christliche Nächstenliebe – gedacht ist wohl an den Griff zur Geldbörse – umzusetzen. Die idyllische Beschreibung: "Tiefschnee, Ruhe, holde Träume, Schlummer," Verniedlichungen: "Häuslein, Körnlein, Schifflein" und die Charakteristik des Webers: "arm", aber "unverdrossen, ehrlich, redlich, fleißig, geduldig, dankbar" und natürlich "fromm" entsprechen einander. Die Frage, wie jemand bei diese Fülle menschlicher (Arbeits-)Qualitäten verarmen kann, wird nicht geklärt. Ohne erkennbare Ursachen und Gründe vollzieht sich "leise" und stetig die Verschuldung des Webers. Die traditionelle Naturmetaphorik: "Winter = soziales Elend" zieht das Geschehen ebenfalls auf die Ebene des sowohl Unerklärbaren wie Unausweichlichen. Die als Kontrast zur 'positiv' beschriebenen Arbeitergestalt gesetzten Negativformulierungen: "arm, trüb, kalt, Noth, Schuld, Hunger, Kummer, feucht, starr" kennzeichnen so nicht eine Stituation von sozialer Verelendung, hervorgerufen durch wirtschaftliche Veränderungen, sondern sie führen zur Zuspitzung eines Gewissenskonfliktes. Dem Betrug und der Geldgier ("Erlisten und Erraffen"), verkörpert durch den Juden und den Teufel ("ein Geist der Hölle"), steht das "Gottvertrauen" des Arbeiters gegenüber. Die in der 'biedermeierlichen' Eingangsbeschreibung schon angelegte Versöhnung findet im abschließenden Sieg über den Versucher ihre Verwirklichung. Diese Lösung – christliche Nächstenliebe als Mittel zur Bewältigung wirtschaftlicher Strukturprobleme – führen auch andere Autoren an, besonders in Texten und Erzählungen, die für den Schulunterricht gedacht sind. Hier meldet sich eine in der Zeit weit verbreitete Sozialethik zu Wort, wie sie beispielhaft von den "Wahren Sozialisten" vertreten wurde. Auch gegenläufige antisemitische Tendenzen finden sich immer wieder in der Weberliteratur, so noch 1901 im Weberroman "Felix Notvest" von Jakob Christoph Heer. Der Jude Lombardi, Händler und Geldverleiher, treibt den Vater des Textilwerkmeisters Karl Wehrli durch Wucherzinsen in den Tod.[148]

Schmidlins Appell an das christliche Bürgertum war wohl berechnet. In der späteren Buchausgabe meldet der Herausgeber den Erfolg seines Spendenaufrufs: „Dieser Hülferuf, in dem harten Winter 1844 als fliegendes Blatt ausgesandt, fand so allgemeine Teilnahme, daß nicht nur dem armen Weber selbst, sondern noch mehreren andern Familien in gleich bedrängter Lage, geholfen werden konnte."[149]

6. Zusammenfassung: Politische Bewertung und ästhetische Gestaltung der sozialen Probleme

Bei einem Blick auf die von den Autoren mitgeteilten Ursachen für die ökonomischen Verhältnisse und das soziale Elend der Arbeiter darf man noch keine Hinweise auf eine umfassende Analyse der Mechanismen der kapitalistischen und feudalen Wirtschaftsordnung erwarten. Selbst fortgeschrittene Ideologien der Zeit sehen das Kapital der Bourgeoisie als eine dämonisierte, selbständig handelnde Macht. Marx gelang erst durch die Arbeiterkämpfe, das Studium der französischen Sozialisten und englischen Ökonomen zu seiner Theorie über die Bedeutung der Produktionsverhältnisse.

Die soziale Lyrik hingegen teilt Eindrücke und Erfahrungen mit, die im allgemeinen wichtige Teilaspekte des gesellschaftlichen Lebens enthalten, aber nur selten und flüchtig die tieferliegenden Wurzeln aufzeigen oder die einzelnen Beobachtungen zu einer allgemeinen Aussage zusammenfassen.

Auch die Verdrängung der in der zeitgenössischen Publizistik leidenschaftlich diskutierten sozialen Fragen kann man bemerken, am klarsten vielleicht in dem Versuch des Pastors Schmidlin, die Schuld am sozialen Elend einer rassisch-religiösen Minderheit ("dem Juden") zuzuschreiben. Die versteckten nationalistischen Töne des Verfassers der "Renegaten-Lieder" ("Englands Concurrenz") lenken hingegen von der eigenen Bourgeoisie ab. Als häufigste Ursache für die schlechten Verhältnisse wird der einzelne Fabrikant, selten die gesamte Bourgeoisie und ihre Ausbeutungspraktiken genannt. Nur die Strophen des anonymen "Blutgerichts" klagen detailliert über die Hartherzigkeit der Kaufleute und die Arbeitsbedingungen. Damit ergibt sich ein wesentliches Bestimmungsmerkmal für die von den Arbeitern selbst geschaffenen Verse. Sie verzichten nicht nur auf die von den bürgerlichen Schriftstellern verwendeten Methaphernbereiche, sondern setzen ihnen ein eigenes ästhetisches Verfahren entgegen. Rhetorische Mittel (Alliteration, Assonanz, Anapher, Antithese usw.) dienen der konkreten Mitteilung von Arbeitsvorgängen und -verhältnissen. Die Preisgabe klassischer Ausgewogenheit und Geschlossenheit erlaubt auch die mühelose Umdichtung, Kürzung, Verlängerung: Der Text wird *operativ genutzt* und den jeweiligen Umständen angepaßt. Mit dem Maßstab des 'sprachlichen Kunstwerks' würde der Kritiker dieser Arbeiterliteratur also ihre wahren Intentionen verfehlen. Letztlich bleibt zu überlegen, ob "Das Blutgericht" nicht gerade dem Verzicht auf die traditionellen Vorstellungen vom 'schönen' Kunstwerk eine Wirkung verdankt, die manche Texte der zeitgenössischen Sozialisten und Demokraten trotz ihrer offen ausgesprochenen Tendenz nicht erreichen. Die Rezeption der anonymen Lieder durch das arbeitende Volk läßt sich teils bis ins 20. Jahrhundert verfolgen, sie überleben damit die meisten sozialen Gedichte der Vormärzautoren um mehr als ein halbes Jahrhundert. Einzig die Werke von Heine und Freiligrath, mit Einschränkungen auch die von Schults und Weerth (vgl. Materialien) können es in diesem Punkt mit ihnen aufnehmen. Von Heines "schlesischen Webern" läßt sich feststellen, daß sie zumindest zeitweise Zugang zur Arbeiterschaft fanden. Kein anderes Webergedicht kursierte in so zahlreichen Varianten, erlebte eine so große Verbreitung. Zwar verzeichnen auch viele Balladensammlungen und Lyrikanthologien den Text von Freiligrath, aber als Leserschaft kommt hier in erster Linie das Bildungsbürgertum in Frage; diese Schwelle überwindet Freiligrath im Gegensatz zu Heine nicht. Wirkungsvoll greift dieser die Formel von Gott, König und Vaterland auf, stellvertretend für die reaktionäre Einheit der gesellschaftlichen Kräfte. Auf dem begrenzten Raum eines Gedichtes kann mehr eigentlich nicht geleistet werden; die Aufgabe einer breiteren Schilderung und der Differenzierung der Verhältnisse der Textilindustrie und ihrer Arbeiter stellt sich im stärkeren Maß für die Prosa. Die Lyrik erfüllt ihren Zweck als Agitationsmittel, als Kampfgesang, als politischer Aufruf eher durch die auf eine präzise Formel gebrachte Losung von Heine oder die ironisierten Sprichwörter und Redensarten von Schults. Gleichwertig steht ihnen das operative "Blutgericht" zur Seite. Die aufgezeigten Ursachen des Konfliktes bestimmen auch die jeweiligen Lösungsvorschläge der Schriftsteller. Sieht man von den Texten ab, die in der *Mitleidsgeste* (Schmidlin) steckenbleiben, so lassen sich bei Hinzuziehung weiterer Webergedichte (vgl. Materialien) drei grundsätzliche Positionen erkennen: eine *resignierende Haltung* (Auswanderung, Verzweiflung des Webers), eine *versöhnliche*, die mittels Literatur die Gesinnung der mittleren und höheren Schichten ändern will und an die Verbrüderung von Arm und Reich glaubt (utopisch-sozialistische Autoren), sowie eine *revolutionäre Haltung*, die den Umsturz der bestehenden Verhältnisse propagiert. Das anonyme Gedicht aus den "Renegaten- und Communisten-Liedern" läßt den Weber angesichts seiner Situation verzweifeln. Die Lösung – Auswanderung – stimmt zwar mit der gesellschaftlichen Wirklichkeit überein, weicht aber der sozialen Frage aus. Nicht Emigration, sondern Schaffung eines wirtschaftlich und politisch neugeordneten Nationalstaates lautet die Devise der fortschrittlichen Kräfte.

Zur Gestaltung einer sozialrevolutionären Perspektive, zur Konfrontation von Proletariat und Bourgeoisie, gelangen die uns überlieferten Weber-Gedichte nur ausnahmsweise. Erst Heine denkt die Weber als ein revolutionäres Proletariat, das den Untergang der alten Gesellschaftsordnung bewirken wird. Heines Kunstgriff, Arbeitshandlung und revolutionäre Tat zu verbinden und im Bild vom Leinentuch zugleich das Leichentuch der herrschenden Klassen zu sehen, kehrt die traditionelle Metapher – der Arbeiter webt sein eigenes Leichentuch – und damit programmatisch auch die Kräfteverhältnisse um. Nicht resignierende und ausgehungerte Elendsgestalten treten hier auf, sondern die Totengräber der alten Gesellschaftsordnung, *die* bestimmende Macht der zukünftigen Gesellschaft.

Auch in der jeweiligen Figurengestaltung lassen die verschiedenen Texte den Gegensatz von revolutionärer und resignativer Haltung erkennen. So stellen Schults, Heine und der anonyme Autor des "Blutgerichts" Massen dar, dagegen operieren Schmidlin und das "Renegatenlied" mit Einzelpersonen, die den Verfassern individuelle Scheinlösungen ermöglichen.

Die Einsicht der Autoren in die wirtschaftlichen Mechanismen, in die Bedeutung der rektionären Kräfte und ihre eigene politische Position bestimmt entscheidend die Parteilichkeit und die ästhetische Qualität der Texte. Heine und Schults stehen in engem Kontakt und Meinungsaustausch mit den Mitgliedern des Bundes der Kommunisten und unterstützen den Pariser "Vorwärts"; gerade sie schreiben aber auch unter den bürgerlichen Autoren die bedeutendsten Gedichte. Das anonyme Lied der Weber hingegen erreicht seine Schlüssigkeit und Wirksamkeit, indem es eine nichtbürgerliche, operative Ästhetik entwickelt. Innerhalb der gesamten demokratischen Bewegung spielt diese Tendenzpoesie des Vormärz eine entscheidende Rolle. Berücksichtigt man, daß zu dieser Zeit Informationen im wesentlichen auf das geschriebene Wort und die mündliche Verbreitung angewiesen sind, so gewinnen Presse, Flugblatt und Buch einen bedeutenden Stellenwert. Die politischen Volkslieder, die Bänkelgesänge und die Gedichte der demokratischen Autoren unterstützen aktiv den Kampf gegen den Feudalstaat, gegen die Zwänge des Kapitalismus und die Herrschaft der Bourgeoisie. Neben dem rein literaturgeschichtlichen Aspekt, dem historischen und volkskundlichen Interesse an der Weberlyrik, läßt sich durchaus auch ein aktuell-inhaltliches Interesse an dieser Tradition begründen. Eine Analyse der Texte unter diesem Gesichtspunkt "läßt die heutige Gesellschaft als historisch entstandene und damit veränderbare begreifen; sie tritt dem Versuch entgegen, literarische Produktion als Stabilisierungsideologie zu verwenden bzw. sie mit Hilfe einer enthistorisierten und formalisierten Textwissenschaft die für die kapitalistische Produktionsweise notwendige Mobilität und Funktionalität von Intelligenz und Arbeitern produzieren zu lassen."[150]

Anmerkungen

I. Einführung

1 Für die Analysen dieses Bandes wurden Teile meiner bisher unveröffentlichten Dissertation "Weberaufstände und Weberelend in der deutschen Lyrik des 19. Jahrhunderts. Eine Untersuchung der sozialen Problematik und ihrer Widerspiegelung in der Literatur des Vormärz" (Essen 1978) München: Fink 1981 verwendet.

II. Die wirtschaftliche und politische Situation im Vormärz

1 Lüning, Hermann: Die Lage der Weber und Spinner im Ravensbergischen. In: Hess, Moses (Hrsg.): Gesellschaftsspiegel. Elberfeld 1845 – 1846, Bd. 1, S. 126 – 130; 153 – 157; 187 – 191; 203 – 208. – Das gesegnete Wupperthal. Hausgesetzgebung unserer Fabrikanten. In: Gesellschaftsspiegel, Bd. 1, S. 9 – 18; 39 – 42.
2 Gesellschaftsspiegel, Bd. 1, S. 128.
3 Gesellschaftsspiegel, Bd. 1, S. 188.
4 Gesellschaftsspiegel, Bd. 1, S. 10
5 Gesellschaftsspiegel, Bd. 1, S. 10
6 Gesellschaftsspiegel, Bd. 1, S. 9
7 Gesellschaftsspiegel, Bd. 1, S. 156 – 157.
8 Dronke, Ernst: Berlin. Darmstadt, Neuwied 1974, S. 174.
9 Dronke: Berlin, S. 230.
10 Dronke: Berlin, S. 230.
11 Arnim, Bettina von: Dies Buch gehört dem König. Berlin 1843. In: B.v.A.: Sämtliche Werke. Berlin 1920 – 1922, Bd. 6, S. 456 – 505 (Grunholzer, Heinrich: Erfahrungen eines jungen Schweizers im Vogtlande).
12 Arnim: Sämtliche Werke, Bd. 6, S. 493 – 494; 479 – 481.
13 Peuckert, Will Erich und Erich Fuchs: Die schlesischen Weber. Darmstadt 1971, Bd. 1, S. 67.
14 Conze, Werner: Vom Pöbel zum Proletariat. Sozialgeschichtliche Voraussetzungen für den Sozialismus in Deutschland. In: Vierteljahrsschrift für Sozial- und Wirtschaftsgeschichte. Bd. 41 (1954), S. 334–364, Anm. 37.
15 Varnhagen von Ense, Karl: Tagebücher. Leipzig, Zürich, Hamburg, Berlin 1861 – 1905, Bd. 2, S. 26.
16 Lüning, Otto: Dies Buch gehört dem Volke. Bielefeld 1845, Bd. 1, S. 236 – 237.
17 Eichholtz, Dietrich: Junker und Bourgeoisie vor 1848 in der preußischen Eisenbahngeschichte. Berlin (DDR) 1962, S. 186 – 187.

III. Texte und Interpretationen

1 Steinitz, Wolfgang (Hrsg.): Deutsche Volkslieder demokratischen Charakters aus sechs Jahrhunderten. Berlin (DDR) 1954 – 1962, Bd. 1, S. 231 – 232.
2 Wolff, Wilhelm: Das Elend und der Aufruhr in Schlesien. In: Püttmann, Hermann (Hrsg.): Deutsches Bürgerbuch für 1845. Darmstadt 1845, S. 189.
3 Steinitz: Deutsche Volkslieder, Bd. 1, S. 233.
4 Marx, Karl und Friedrich Engels: Werke. Berlin (DDR) 1956 – 1968, Bd. 1, S. 404.
5 Glossy, Karl (Hrsg.): Literarische Geheimberichte aus dem Vormärz. Wien 1912, S. 164, Brief aus Leipzig vom 29. 6. 1844.
6 Varnhagen: Tagebücher, Bd. 2, S. 314.
7 Schremmer, Wilhelm: Das Weberlied aus dem Eulengebirge. In: Mitteilungen der schlesischen Gesellschaft für Volkskunde. Bd. 20 (1918), S. 211.
8 Steinitz: Deutsche Volkslieder, Bd. 1, S. 242.

9 Jakoby, Richard und Horst Weber (Hrsg.): Musik im Leben. 18. Auflage. Berlin, Frankfurt a.M., München 1967, Bd. 1, S. 148.
10 Lammel, Inge (Hrsg.): Das Arbeiterlied. Frankfurt a.M. 1973, S. 88.
11 Schremmer: Das Weberlied, S. 214.
12 Schremmer: Das Weberlied, S. 214.
13 Steinitz: Deutsche Volkslieder, Bd. 1, S. 238 – 240.
14 Schremmer: Das Weberlied, S. 214.
15 Noch Richard Dehmel vermutet darin das Lied eines wütenden Schulmeisters, der unter den Webern lebte. In: Bab, Julius (Hrsg.): Arbeiterdichtung. Neue erw. Aufl. Berlin, Leipzig (1930), S. 7.
16 Gafert, Karin: Die soziale Frage in Literatur und Kunst des 19. Jahrhunderts. Ästhetische Politisierung des Weberstoffes. Kronberg 1973, Bd. 1, S. 185.
17 Der Wahre Jacob. Illustrierte Zeitschrift für Satire, Humor und Unterhaltung. Stuttgart 1904, Nr. 456.
18 Zimmermann, Alfred: Blüthe und Verfall des Leinengewerbes in Schlesien. Breslau 1885.
19 Klein, Tim (Hrsg.): 1848. Der Vorkampf deutscher Einheit und Freiheit. Erinnerungen, Urkunden, Berichte, Briefe. Ebenhausen, München, Leipzig 1914, S. 81 – 83.
20 Schremmer: Das Weberlied, S. 210.
21 Henckell, Karl (Hrsg.): Buch der Freiheit. Berlin 1893, Bd. 1, S. 56 – 59.
22 Petzet, Christian: Die Blütezeit der deutschen politischen Lyrik. 1840 – 1850. München 1903, S. 490. – Diederich, Franz (Hrsg.): Von unten auf. Ein neues Buch der Freiheit. Berlin 1911, Bd. 1, S. 267 – 270. – Bab, Julius (Hrsg.): Die deutsche Revolutionslyrik. Eine geschichtliche Auswahl mit Einführung und Anmerkungen. Wien, Leipzig 1919, S. 160 – 162.
23 Cagan, Heinz (Hrsg.): Deutsche Dichter im Kampf. Sammlung revolutionärer Dichtung. Moskau 1930, S. 40 – 42.
24 Henckell: Buch der Freiheit, S. 56.
25 Zit. nach Gafert: Die soziale Frage, Bd. 1, S. 184.
26 Mehring, Franz: Aufsätze zur deutschen Literatur von Klopstock bis Weerth. Berlin (DDR) 1971, S. 658.
27 Mehring, Franz: Geschichte der deutschen Sozialdemokratie. Von der Julirevolution bis zum preußische Verfassungsstaat. 1830 – 1863. Berlin (DDR) 1960, S. 227.
28 Kaiser, Bruno (Hrsg.): Die Achtundvierziger. Ein Lesebuch für unsere Zeit. 11. Auflage. Berlin, Weimar 1973, S. 326 – 329.
29 Lammel: Das Arbeiterlied, S. 88 – 89.
30 Lammel, Inge: Zur Rolle und Bedeutung des Arbeiterliedes. In: Beiträge zur Geschichte der deutschen Arbeiterbewegung Jg. 4 (1962), H. 3, S. 728 – 742.
31 Lesebuch B (Realschule). 9.-10. Schuljahr. Stuttgart 1969, S. 100 – 101. – Lesebuch 65. Ein Lesebuch für die Schulen von heute. 7.-9. Schuljahr. Dortmund, Hannover 1967, S. 269 – 272.
32 Schwab-Felisch, Hans: Gerhart Hauptmann: Die Weber. Frankfurt a.M., Berlin 1963, S. 114 – 118. – Kollwitz, Käthe: Der Weberaufstand. 2. Aufl. Stuttgart 1964, S. 22.

33 Vester, Michael (Hrsg.): Die Frühsozialisten. 1789 – 1848. Reinbek 1971, Bd. 2, S. 186 – 187.
34 Stern, Annemarie (Hrsg.): Lieder gegen den Tritt. Politische Lieder aus fünf Jahrhunderten. Oberhausen 1972, S. 79 – 80.
35 Enzensberger, Hans Magnus (Hrsg.) u.a.: Klassenbuch. Ein Lesebuch zu den Klassenkämpfen in Deutschland. Darmstadt, Neuwied 1973, Bd. 1, S. 163 – 166.
36 Grab, Walter und Uwe Friesel: Noch ist Deutschland nicht verloren. Eine historisch-politische Analyse unterdrückter Lyrik. Von der französischen Revolution bis zur Reichsgründung. München 1970, S. 194 – 197. – Merkelbach, Valentin: Politische Lyrik des Vormärz. 1840 – 1848. Frankfurt a.M., Berlin, München 1973, S. 17-20.
37 Püttmann, Hermann (Hrsg.): Album. Originalpoesieen von Georg Weerth (...) u.a. Borna 1847, S. 145 – 146.
38 Vorwärts! Pariser Signale aus Kunst, Wissenschaft, Theater, Musik und geselligem Leben. Seit 3.7.1844: Pariser Deutsche Zeitschrift. Hrsg. Heinrich Börnstein u.a. Paris 1844 – 1845, Feuilleton vom 10. 7. 1844 (Titelseite).
39 Heine, Heinrich: Sämtliche Werke in vier Bände. München 1969 – 1972, Bd. 4, S. 152 – 153.
40 Kreutzer, Leo: Heine und der Kommunismus. Göttingen 1970, S. 17 – 18.
41 Heine, Heinrich: Briefe. 1. Gesamtausgabe nach den Handschriften. Hrsg. Friedrich Hirth. Mainz 1950 – 1957, Bd. 2, S. 517.
42 Heine: Briefe, Bd. 2, S. 551.
43 Marcuse, Ludwig: Heine. Melancholiker, Streiter in Marx, Epikureer. Rothenburg o.d.T. 1970, S. 306.
44 Marcuse: Heine, S. 308.
45 Storz, Gerhard: Heinrich Heines lyrische Dichtung. Stuttgart 1971, S. 160.
46 Demetz, Peter: Marx, Engels und die Dichter. Ein Kapitel deutscher Literaturgeschichte. Frankfurt a.M., Berlin 1969, S. 79; 81.
47 Demetz: Marx, Engels und die Dichter, S. 79 – 80.
48 Marcuse: Heine, S. 308.
49 Lukács, Georg: Heine und die ideologische Vorbereitung der 48er Revolution. In: Text und Kritik 18 / 19 (1968): Heinrich Heine, S. 25 – 34.
50 Lehrmann, Cuno Chanan: Heinrich Heine. Kämpfer und Dichter. Bern 1957, S. 152 – 153.
51 Kreutzer: Heine.
52 Uhlmann, Alfred Max (Hrsg.): Heinrich Heine. Sein Leben in Bildern. Leipzig 1964, S. 60. Karl Kautsky veröffentlicht den Bericht von Eleanor Marx-Aveling in: Die Neue Zeit. Stuttgart 1895 – 1896, Jg. 14, Bd. 1, Nr. 1.
53 Heine: Briefe, Bd. 2, S. 541 – 543.
54 MEW, Bd. 27, S. 434.
55 MEW, Bd. 27, S. 435.
56 MEW, Bd. 27, S. 441.
57 MEW, Bd. 27, S. 45 (Portraitskizze Heines von Engels).
58 MEW, Bd. 27, S. 73; 103;110.
59 MEW, Bd. 2, S. 512 – 513 (Faksimile).

60 Schweickert, Alexander: Heinrich Heines Einflüsse auf die deutsche Lyrik. 1830 – 1900. Freiburg, Bonn 1969, S. 42 – 43.
61 Uhlmann: Heinrich Heine, S. 48 – 49.
62 MEW, Bd. 6, S. 184.
63 Glassbrenner, Adolf: Der politisierende Eckensteher. Auswahl und Nachwort von Jost Hermand. Stuttgart 1969, S. 204 – 205.
64 Der Bund der Kommunisten. Dokumente und Materialien. (Bisher Bd. 1. 1836 – 1849). Redaktion: Hedwig Förder u.a. Berlin (DDR) 1970, S. 852.
65 Mende, Fritz: Heinrich Heine. Chronik seines Lebens und Werkes. Berlin (DDR) 1970, S. 215.
66 Heine: Briefe, Bd. 3, S. 47.
67 Püttmann: Album, S. 145 – 146.
68 MEW, Bd. 4, S. 283.
69 Politzer, Heinz: Um einen Heine von innen bittend. In: H.P.: Das Schweigen der Sirenen. Studien zur deutschen und österreichischen Literatur. Stuttgart 1968, S. 220.
70 Storz: Heinrich Heines, S. 160 – 161.
71 Politzer: Um einen Heine, S. 219 – 220.
72 Kaufmann, Hans: Heinrich Heine. Geistige Entwicklung und künstlerisches Werk. 2. Aufl. Berlin, Weimar 1970, S. 239.
73 Hasubek, Peter: Heinrich Heines Zeitgedichte. In: Zeitschrift für deutsche Philologie Bd. 91 (1972), Sonderheft. Heine und seine Zeit, S. 41.
74 Lecke, Bodo (Hrsg.): Politische Lyrik. Stuttgart 1974, S. 54.
75 Fairley, Barker: Heinrich Heine. Eine Interpretation. Stuttgart 1956, S. 56.
76 Kaufmann, Hans: Heines Weberlied. In Junge Kunst Jg. 3 (1959), H. 7, S. 73 – 74.
77 Herder, Johann Gottfried: Werke. Hrsg. Theodor Matthias. Leipzig, Wien (1903), Bd. 2, S. 37 – 38.
78 Kaufmann: Heines Weberlied, S. 73.
79 Fingerhut, Karl-Heinz: Standortbestimmung. Vier Untersuchungen zu Heinrich Heine. Heidenheim 1971, S. 48.
80 Lecke: Politische Lyrik, S. 53.
81 Schmidt, Walter: Einige Dokumente zum schlesischen Weberaufstand vom Juni 1844. In: Aus der Frühgeschichte der deutschen Arbeiterbewegung. Berlin (DDR) 1964, S. 45.
82 Schmidt: Einige Dokumente, S. 50. Vergleiche Wolff: Das Elend, S. 186.
83 Grandjonc, Jaques: Vorwärts! 1844. Marx und die deutschen Kommunisten in Paris. Beitrag zur Entstehung der Marxismus. 2. Aufl. Berlin, Bonn 1974, S. 147 – 149. – Sowie Grupe, Walther: Heines 'schlesische Weber' auf einem Berliner Flugblatt. In: Deutschunterricht Jg. 9 (1956), H. 7, S. 426 – 428.
84 Stein, Ernst: Zugang zu Heinrich Heines Gedicht. Die schlesischen Weber. In: Deutschunterricht Jg. 9 (1956), H. 8. S. 441.
85 Das Original befindet sich im Heine-Archiv in Düsseldorf. – Wiederabdruck in: Sonntag (Berlin/DDR), 18.3.1956, und in: Uhlmann: Heinrich Heine, S. 67.
86 Mende: Heinrich Heine, S. 215.
87 Der Bund der Kommunisten, Bd. 1, S. 268.

88 Kaiser: Die Achtundvierziger, S. 336–351.
89 Der Bund der Kommunisten, Bd. 1, S. 1032.
90 Der Bund der Kommunisten, Bd. 1, S. 1032.
91 Kaiser: Die Achtundvierziger, S. 342–343.
92 Kaiser: Die Achtundvierziger, S. 345.
93 Charivari. Redigiert von Eduard Maria Oettiger. Leipzig: 17.12. 1849, Jg. 8, No. 411, S. 6186.
94 Wermuth, Karl Georg Ludwig und Wilhelm Stieber: Die Communisten – Verschwörungen des neunzehnten Jahrhunderts. Berlin 1853, S. 32–33.
95 Deutsches Volksliederbuch. Mannheim 1847, S. 261.
96 Charivari, Leipzig: 24.9.1847, Jg. 6, No. 260, S. 4157.
97 Rollett, Hermann (Hrsg.): Republikanisches Liederbuch. 2. Aufl. Leipzig 1848, S. 106–107.
98 Charivari, Leipzig: 18.8.1848, Jg. 7, No. 341, S. 5068.
99 Raabé, Johann Christian Justus (Hrsg.): Republikanische Lieder und Gedichte deutscher Dichter. Kassel 1849, S. 130.
100 Raabé, Johan Christian Justus (Hrsg.): Republikanische Lieder und Gedichte deutscher Dichter. 2. Ausgabe. Kassel 1851, S. 134–135.
101 Winterscheidt, Friedrich: Deutsche Unterhaltungsliteratur der Jahre 1850–1860. Bonn 1970, S. 288.
102 Haenisch, Konrad: Gerhart Hauptmann und das deutsche Volk. Berlin 1922, S. 91.
103 Heine, Heinrich: Sämtliche Werke. Rechtsmäßige Originalausgabe. Hrsg. Adolf Strodtmann. Hamburg 1861–1884, Bd. 17, S. 277–278. Sowie Gulich Heinz und Bodo Kamieth: Diskussion um ein Heine–Gedicht. In: Deutsche Lehrer–Zeitung. Organ der deutschen demokratischen Schule Jg. 1 (1954), Nr. 19, S. 2.
104 MEW, Bd. 2, S. 512.
105 Heine, Heinrich: Werke. Amsterdam 1869, Bd. 2,Nr. 30, S. 163-164.
106 Heine, Heinrich: Werke. (Tiel) (1869), Bd. 2, Nr. 29, S. 59.
107 Heine, Heinrich: Werke in zehn Bänden. Mit einer biographischen Einleitung von Franz Mehring. Berlin (1911), Bd.2, Nr. 29, S. 114.
108 Schwachhofer, René und Wilhelm Tkaczyk (Hrsg.): Spiegel unseres Werdens. Berlin (DDR) 1961, S. 72.
109 Heinrich Heine: 1797–1856. 175 Jahre. Kalender für 1972. Hrsg. DKP Bezirk Rheinland. Düsseldorf 1971, Oktober: Die schlesischen Weber.
110 Lesebuch 65. Ein Lesebuch für die Schulen von heute. 7.–9. Schuljahr. Dortmund, Hannover 1967, S. 213–214. – Lesebuch 65. 8. Schuljahr, S. 97. – Ebenso die Schulanthologien: Bamberger, Richard (Hrsg.): Das große Balladenbuch. Für Schule und Haus. Wien, Bad Godesberg (1957), S. 62–63. – Stephenson, Carl (Hrsg.): Die schönsten Gedichte aus acht Jahrhunderten. Berlin (1960), S. 287.
111 Gulich: Diskussion, S. 2.
112 Gulich: Diskussion, S. 2.
113 Nicht nur Dichtung, sondern flammender Protest. Stellungnahme der Abteilung Methodik des Ministeriums für Volksbildung zur Diskussion über das Gedicht

"Die Weber" von Heinrich Heine. In: Deutsche Lehrer–Zeitung Jg. 1 (1954), Nr. 23, S. 3.
114 Nicht nur Dichtung, S. 3.
115 Pache, Alexander (Hrsg.): Die politische Lyrik um 1848 in der deutschen Dichtung. Für die Oberstufe ausgewählt. Frankfurt a.M. 1924, S. 13–14.
116 Best, Otto F.: Handbuch literarischer Fachbegriffe. Definitionen und Beispiele. Frankfurt a.M. 1973, S. 260.
117 Beinke, Friedrich–Wilhelm (Hrsg.) u.a.: Didaktisch–methodische Analysen. Handreichungen für den Lehrer zum Lesebuch Kompaß. 7–8. Schuljahr. Paderborn 1972, S. 290–291. – Krüger, Alfred J.: Heinrich Heines Weber im Unterricht des neunten Schuljahrs. In: Neue Wege zur Unterrichtsgestaltung Jg. 13 (1962), H. 1, S. 205–213. – Lecke: Politische Lyrik, S. 9; 16–17; 48; 52–54; 85–87.
118 Schmidt, Julian: Geschichte der deutschen Literatur im neunzehnten Jahrhundert. 2.Aufl. London, Paris, Leipzig 1855, Bd. 3, S. 31.
119 Petzet: Die Blütezeit, S. 231–232.
120 Pongs, Hermann: Neue Aufgaben der Literaturwissenschaft. 2, 1. In: Dichtung und Volkstum. Neue Folge des Euphorion Bd. 38 (1937) S. 274; 276.
121 David, Claude: Zwischen Romantik und Symbolismus. 1820–1885. Gütersloh 1966, S. 112.
122 Plohovich, Julia: Webernot und Weberaufstand in der deutschen Dichtung. Diss. (Masch.) Wien 1923, S. 96–98.
123 Marx, Paul: Der schlesische Weberaufstand in Dichtung und Wirklichkeit. In: Das Magazin. Monatsschrift für Literatur, Kunst und Kultur. Berlin 1897, Jg. 66, Nr. 7, S. 114. – Gafert: Die soziale Frage, Bd. 1, S. 175.
124 Marx: Der schlesische Weberaufstand, S. 114.
125 Liptzin, Salomon: The Weavers in German Literature. Göttingen 1926, S. 106.
126 Johannesson, Adolf: Leitfaden für Sprechchöre. 2. Auflage. Berlin 1929, S. 33.
127 Ambrosius, Hermann: Vierstimmiger gemischter Chor. In: Deutsches Chorbuch für gemischte Chöre. Bd. 1. Hrsg. Deutscher Allgemeiner Sängerbund e.V. und Chorausschuß der DDR. Frankfurt a.M. (1955).
128 David, Hanns W.: Vierstimmiger gemischter Chor. Berlin (1932).
129 Gundlach: Vierstimmiger Männerchor. New York (o.J.).
130 Charivari, Leipzig: 25.6.1845, Jg. 4, No. 143, S. 2287.
131 Grandjonc: Vorwärts!, S. 100, Nr. 205.
132 Schults, Adolf: Leierkastenlieder. Meurs (1849), S. 27–29. (Unter dem Titel: "Die Weber haben schlechte Zeit").
133 Püttmann: Album, S. 149–151.
134 Bark, Joachim: Der Wuppertaler Dichterkreis. Untersuchungen zum Poeta minor im 19. Jahrhundert. Bonn 1969, S. 13.
135 Kaiser: Die Achtundvierziger, S. 255.
136 Schultz: Leierkastenlieder, S. 21–22.
137 (Lavant, Rudolf) (Hrsg.): Vorwärts! Eine Sammlung von Gedichten für das arbeitende Volk. Zürich (Hottingen) 1886, S. 30–31. – Bab: Die dt.Revolutionslyrik, S. 163–164. – Diederich: Von unten auf, Bd. 1, S. 262–264. – Henckell: Buch der Freiheit, Bd. 1, S. 133–134. – Petzet: Die Blütezeit, S. 489–490.

138 Feudel, Werner (Hrsg.): Morgenruf. Vormärzlyrik 1840–1850. Leipzig 1974, S. 226–227. – Kaiser: Die Achtundvierziger, S. 255–256. – Merkelbach: Polit. Lyrik des Vormärz, S. 14–15. – Grab / Friesel: Noch ist Deutschland, S. 191–193.
139 Bark: Der Wuppertaler Dichterkreis, S. 12–14; 131–133.
140 Renegaten- und Communisten-Lieder. Dresden 1844, S. 57–59.
141 Goethe, Johann Wolfgang von: Wilhelm Meisters Wanderjahre. In: J.W.v.G.: Sämtliche Werke. München : 1961–1963, Bd. 18, S. 171.
142 Goethe: Sämtliche Werke, Bd. 18, S. 176.
143 Immermann, Karl: Die Epigonen. Familienmemoiren in neun Büchern. 1823–1835. In: Immermann, Karl: Werke. Hrsg. Harry Maync. Leipzig (1906), Bd. 4, S. 265–266.
144 Willkomm, Ernst: Eisen, Gold und Geist. Ein tragikomischer Roman. Leipzig 1843.
145 Prutz, Robert: Das Engelchen. Roman. Göttingen 1970 (Faksimiledruck nach der 1. Auflage von 1851), Bd. 3, S. 460–461.
146 Gerstäcker, Friedrich: Nach Amerika. Ein Volksbuch. In: F.G.: Gesammelte Schriften. Volks- und Familienausgabe. Jena 1872–1879, 1. Serie, Bd. 11, S. 118–119.
147 Schmidlin, Karl: Gedichte und Bilder aus dem Leben. Stuttgart 1851, S. 56–59.
148 Heer, Jakob Christoph: Felix Notvest. Roman. In: J.Chr.H.: Romane und Novellen. Gesamt-Ausgabe. Stuttgart, Berlin 1927, 1. Serie, Bd. 2, S. 40.
149 Schmidlin: Gedichte, S. 119.
150 Vaßen, Florian: Restauration, Vormärz und 48er Revolution. Stuttgart 1975, S. 9.

IV. MATERIALIEN

1. Wilhelm Wolff: Das Elend und der Aufruhr in Schlesien, aus: Püttmann, Hermann (Hrsg.): Deutsches Bürgerbuch für 1845. Darmstadt 1845, S. 189–193.

(...) Endlich um 2 Uhr Nachmittags, den 4. Juni, trat der Strom über seine Ufer. Eine Schaar Weber erschien in *Nieder-Peterswaldau* und zog auf ihrem Marsche alle Weber aus den Wohnungen rechts und links an sich. Alsdann begaben sie sich nach dem wenig entfernten Kapellenberge und ordneten sich paarweise, und rückten so auf das neue *Zwanziger'sche* Wohngebäude los. *Sie forderten höheren Lohn* und – *ein Geschenk!* Mit Spott und Drohen schlug man's ihnen ab. Nun dauerte es nicht lange, so stürmte die Masse ins Haus, erbrach alle Kammern, Gewölbe, Böden und Keller und zertrümmerte alles von den prächtigen Spiegelfenstern, Trümeaus, Lüsters, Oefen, Porzellan, Möbels bis auf die Treppengeländer herab, zerriß die Bücher, Wechsel und Papiere, drang in das zweite Wohngebäude, in die Remisen, in's Trockenhaus, zur Mange, in's Packhaus und stürzte die Waaren und Vorräthe zu den Fenstern hinaus, wo sie zerrissen, zerstückt und mit Füßen getreten oder, in Nachahmung des Leipziger Meßgeschäfts, an die Umstehenden verteilt wurden. *Zwanziger* flüchtete sich mit seiner Familie in Todesangst nach *Reichenbach*. Die dasigen Bürger, welche einen solchen Gast, der die Weber auch ihnen auf den Hals ziehen konnte, nicht dulden wollten, veranlaßten ihn zur Weiterreise nach *Schweidnitz*. Aber auch hier deuteten ihm die Behörden an, die Stadt zu verlassen, weil sie durch seine Gegenwart leicht einer Gefahr ausgesetzt sein konnten; und so fand er endlich hier in Breslau Sicherheit.

Der Polizeiverweser Christ und ein Gensdarm nahmen zwar in Peterswaldau eine Arretirung vor, indeß befreiten die Weber bald den Gefangenen. Neben *Zwanziger* wohnt der Fabrikant *Wagenknecht*. Er hatte die Weber menschlicher behandelt, er blieb verschont. Da er ihnen noch ein kleines Geschenk verabreichte, brachten sie ihm ein Vivat aus. Bald fanden sich Weber aus Arnsdorf und Bielau ein. Was bei Zwanziger noch übrig geblieben, wurde vollends zertrümmert. Die Nacht unterbrach das Rachewerk. Ich darf den Vorschlag einiger Weber: die Häuser anzuzünden und die Verwerfung desselben aus dem Grunde: weil die so Beschädigten dann Brandgelder erhielten und es doch darauf ankomme, sie *auch* einmal arm zu machen, damit sie erführen, wie der Hunger thue, als zu charakteristisch nicht unerwähnt lassen. Am folgenden Tage, den 5. Juni, ging es zum drittenmal in die Zwanziger'schen Etablissements. Ein Garnvorrath auf dem Boden des Hauses war am 4. Juni nicht entdeckt worden; darum fiel er heute der Vernichtung anheim. Zum Schluß ward selbst an die Dächer Hand gelegt und ihre theilweise Zerstörung bewerkstelligt. Nachdem hier Alles zu Ende, begab sich der Haufe zum Fabrikant *F. W. Fellmann*, jun. Fellmann beschwichtigte die Leute, indem er Jedem 5 Sgr. zahlte und Brod und Butter, nebst einigen Speckseiten an sie verabreichte. Ein Stück Brod und 1 Viergroschenstück reichten hin, die Wuth der von Hunger und Rache Getriebenen, im Zaum zu halten! Nun ging's weiter zu *E. G. Hofrichters Wittwe und Söhne*. Die Masse der Weber betrug hier schon an 3000. Auch Hofrichter zahlte ein Geschenk von 5 Sgr. für den Einzelnen, doch erhielten dies nur die Ersten, die Letzten weniger.

Von hier bewegte sich der Zug "zum Sechsgröschel Hilbert." Hilbert u. Andretzky wohnen in *Bielau*. Mit ihrem Hause begann die Zerstörung an diesem Orte. Zunächst kam das obere Etablissement der Gebrüder *Dierig* an die Reihe. Der Pastor *Seiffert*, Schwiegersohn des Dierig, dem seine Frau eine Mitgift von 20.000 Thalern zugebracht und der nun wohl bequem von der ruhigen Ergebung des wahren Christen in sein Schicksal, von den Freuden, die dem Dulder hienieden, dort oben winken sollen sprechen, und zur Ruhe und zum Frieden ermahnen mochte, soll in's Wasser geworfen sein. Unterdeß hatten die Commis ihre Fabrikknechte und andere Leute versammelt, mit Knütteln und was sonst zur Hand lag gewaffnet und drangen nun unter Anführung des Bauergutsbesitzer Werner auf die Weber los. Nach einem heftigen Gefecht flohen die Weber unter Zurücklassung mannichfaltiger Blutspuren und mit zerschlagenen Köpfen zu dem Gebäude hinaus und fort. Indeß fanden sich die Entwichenen mit neu Angekommenen bald vor dem zweiten Hause *Dierig's* ein. Besonders hatten sich viele Weber von denen, die bei *Dierig* arbeiten, versammelt. Letzterer hatte allen, die sein Eigenthum beschützen und somit sich selbst die Gelegenheit, weiter zu arbeiten, erhalten würden, ein Geschenk von 5 Sgr. zugesagt. Mehrere Fremde, die eindringen wollten, waren von den zur Beschützung Bereitwilligen zurückgewiesen worden. Unterdeß rückte das schon vor 24 Stunden aus *Schweidnitz* requirirte Militär in Bielau ein. Ich verbürge nicht, ob Pastor *Seiffert* zu seinem Schwiegervater gesagt hat: jetzt brauche er nicht mehr zu bezahlen, das Militär sei ja da! Genug, so wird es fast allgemein erzählt. Das steht fest, daß sich die Menge so eben in Ordnung aufzustellen begann, um die auf einem Zettel, der ans Haus geklebt wurde, von *Dierig* versprochenen 5 Sgr. entgegen zu nehmen, als das Militär ankam. Dieses verschaffte sich durch Rückwärtsbewegung einigen Raum; Weber redeten es in der Nähe an und der Commandirende mochte solche Ansprache mit Recht für gefahrbringend halten. Deshalb begab sich der Major von der ersten Stelle weg, um hinter dem Hause und auf seinen Seiten eine vortheilhaftere Stellung zu wählen. Ein Lieutenant mit 10 Mann wurde in den Garten vor dem Hause beordert. Die Weber formirten zwei

Reihen, um jeder seine 5 Sgr. zu erhalten. Die Austheilung sollte am Hause des *Dierig* vor sich gehen und Jeder bald nach dem Empfang durch's Haus hindurch in's Freie sich entfernen. Die Ein- und Ausgänge waren mit Soldaten besetzt. Es dauerte aber so lange und die Zahlung verzögerte sich so sehr, daß die Masse ungeduldig wurde, und, außerdem beim Anblick der Soldaten ohnehin aufgeregt und von einigen Unteroffizieren barsch zur Ordnung gerufen und bald fest überzeugt, daß sie kein Geld erhalten würden, gegen die Truppen immer mehr andrängte. Der Major, welcher *Dierig's* Haus und seine Truppen mehr und mehr bedroht sah, ließ Feuer geben.

In Folge dreier Gewehrsalven blieben sofort 11 Menschen todt. Blut und Gehirn spritzte weit hin. Einem Manne trat das Gehirn über dem Auge heraus. Eine Frau, die 200 Schritte entfernt an der Thüre ihres Hauses stand, sank regungslos nieder. Einem Manne war die eine Seite des Kopfes hinweggerissen. Die blutige Hirnschale lag entfernt von ihm. Eine Mutter von 6 Kindern starb denselben Abend an mehreren Schußwunden. Ein Mädchen, das in die Strickstunde ging, sank von Kugeln getroffen zu Boden. Eine Frau, die ihren Mann stürzen sah, ging auf den Boden und erhenkte sich. Ein Knabe von 8 Jahren wurde durch's Knie geschossen. Bis jetzt sind überhaupt 24 schwer und tödtlich Verwundete, außer den obigen 11 Todten, bekannt geworden. Wie viele ihre Wunden verheimlichen, läßt sich vielleicht später erfahren. Nach den ersten Salven herrschte einige Sekunden eine Todtenstille. Aber der Anblick des Blutes um und neben ihnen, das Stöhnen und Röcheln der im Verscheiden Begriffenen, der Jammer der Blessirten, trieb die muthigsten unter den Webern zum Widerstande. Sie antworteten mit Steinen, die sie von den Steinhaufen der Straße aufrafften. Als nun zwar noch mehrere Schüsse gethan und dadurch abermals einige Weber verwundet wurden, gleichwohl aber die Weber auf der einen Seite entfliehend, von der anderen her zurückkehrten und unter den fürchterlichsten Flüchen und Verwünschungen mit Steinen zu werfen fortfuhren, mit Knitteln, Aexten u.s.w. vordrangen, bewerkstelligte der Major v. Rosenberger seinen Rückzug. Hätte er länger gezögert, so war es vielleicht für immer zu spät. Abends 10 Uhr langte der Major v. Schlichting mit 4 Compagnieen in *Peterswaldau* an. Auch 4 Geschütze trafen von Schweidnitz ein.

Am 6. Juni frühzeitig ging die gedachte Infanterie und Artillerie nach *Bielau* ab, doch blieb 1 Compagnie in Peterswaldau, die noch am selbigen Tage, weil es wiederum heftiger gährte, an einer zweiten Sukkurs erhielt. Die Geschütze fuhren in Bielau auf, die Artilleristen mit brennden Lunten daneben. In der Nacht vom 5. zum 6. Juni war nach dem Abmarsch der *v. Rosenberger'schen* Truppen das eine *Dierig'sche* Haus mit einem Nebengebäude demolirt worden. In der Nähe der Dierig'schen Häuser wurde nun vom Major v. Schlichting ein Theil seiner Krieger aufgestellt, der andere Theil beim gutsherrlichen Schlosse postirt. Es zeigten sich zwar auch an diesem Morgen einzelne Haufen, welche sich die Gassen auf- und abbewegten; zwar schien das Blut, welches dick geronnen vor Dierig's Hause stand, an Pfählen, Planken und auf Stufen mit Gehirntheilen untermischt, den unverwandten Blick der umstehenden Webermasse fesselte, die im Innern tobende Rache-Furie auf's Neue entfesseln zu müssen, alleine die Stärke der militärischen Macht, der Infanterie und Artillerie, später noch der Cavallerie, ließ die Weber keinen weitern Widerstand versuchen. Vielmehr zog sich ein Theil von ihnen nach *Friedrichsgrund* bei Leutmannsdorf und vernichtete die bei dem dortigen Ausgeber der Zwanziger vorgefundenen Waaren; enthielt sich aber jedes sonstigen Angriffs.

Bei den Vorfällen aller 3 Tage ist wohl zu beachten, daß die Fabrikanten nirgends *persönlich* angegriffen oder gemißhandelt, daß kein Feuer angelegt und auch die Bäckerläden, gegen welche eben keine günstige Stimmung herrschte, völlig verschont wurden. (...)

2. Die deutschen Arbeiter in London sammeln für die schlesischen Weber, aus: Telegraph für Deutschland (Hamburg). Nr. 165 (Oktober 1844). S.1.

Dieser Spendenaufruf wie auch das nachfolgend abgedruckte Protokoll belegen, daß die in Georg Weerths Gedicht "Sie saßen auf den Bänken" (vgl. unten Nr. 13) dargestellte Situation sich auf konkrete politische Initiativen der englischen und deutschen Arbeiterschaft bezieht.

Das folgende Schreiben ist der Redaktion des Telegraphen eingesandt, die zur Vertheilung der unten erwähnten Geldbeiträge die erforderlichen Maßregeln treffen wird. G.S.

Geehrter Herr Redacteur!

Überzeugt von Ihren freisinnigen und gerechten Grundsätzen und aufgemuntert durch Ihre Theilnahme an dem traurigen Loose der arbeitenden Classen, nehmen wir uns die Freiheit, Sie mit nachfolgender Bitte zu belästigen und hoffen, daß Sie uns die Erfüllung derselben nicht versagen werden.–

Als uns nämlich durch die deutschen Zeitungen die Nachricht von dem Arbeiteraufstande in Schlesien zukam und wir zu gleicher Zeit das furchtbare Elend kennen lernten, welches denselben hervorgerufen, konnten wir nicht anders, als den tiefsten und innigsten Antheil an dem Schicksale unserer unglücklichen Mitbrüder nehmen. – Wir konnten und mußten mit ihnen und für sie fühlen, denn auch wir stehen in ähnlichen Verhältnissen wie sie; auch unsere und unserer Familien Existenz hängt von der Laune eines Meisters ab; auch wir leben morgen von dem, was wir heute verdient haben; auch wir haben Hunger gelitten, ja wir leiden ihn oft noch! –

Ja! wir fühlten und fühlen tief, wir erkennen aber auch, daß bloßes Gefühl ohne That unfruchtbar und unnütz ist; denn das Gefühl ist nur schätzenswerth, wenn es uns zum Handeln treibt. – Deßwegen haben wir, eine Anzahl deutscher Arbeiter, eine Sammlung für die schlesischen Weber veranstaltet, deren Betrag von sechs Pfund Sterling, wir Ihnen hierbei mit der inständigen Bitte übersenden, denselben, wo möglich an die Familien derjenigen gelangen zu lassen, welche entweder während der Unruhen geblieben sind, oder jetzt, in Folge derselben im Gefängnisse schmachten. – Unser Schärflein ist klein, aber wir haben gethan, was in unseren Kräften stand. Muß doch heut zu Tage der Arbeiter, wenn er seinen unglücklichen Mitbrüdern helfen will, es an seinen nothwendigsten Bedürfnissen ersparen!

Der Grund aber, warum wir unseren Beitrag blos für die Familien der Gebliebenen und im Gefängniß Schmachtenden bestimmen, ist: weil wir dieselben als die Märtyrer der heutigen schlechten Organisation der Gesellschaft betrachten.

Freilich können wir Unruhen, wie die schlesischen und böhmischen nur beklagen, weil wir wohl einsehen, daß solche theilweise Aufstände nicht geeignet sind, unserem Stande diejenigen Rechte zu verschaffen, welche ihm gehören und welche er zu erlangen strebt; aber ferne sey es auch von uns, unsere unglücklichen Brüder anzuklagen, selbst wenn sie uns Schaden bringen sollten. – Nein! Wir klagen die Gesellschaft an, die uns als Parias behandelt; die uns alle Lasten auferlegt, die uns keine Rechte gewährt; die uns dem Elend und dem Hunger Preis giebt.

Ja, wir müssen und wollen, unter allen Verhältnissen, mit unseren Leidensgenossen sympathisiren, aber auch mit den Männern, deren Bestreben es ist, eine bessere sociale Organisation der Gesellschaft, und insbesondere eine *Organisation der Arbeit* herbeizuführen. Mit Vertrauen blicken wir auf sie, welcher politischen Meinung, welchem Stande sie auch immer angehören mögen und wünschen und hoffen, daß es ihrem Streben gelingen werde, die große Aufgabe des neunzehnten Jahrhunderts zu lösen: – die Emancipation der arbeitenden Classen, – des Proletariats. – Wir von unserer Seite werden Nichts fehlen lassen, um uns in den Augen der öffentlichen Meinung einer Emancipation würdig zu zeigen. Wir haben bereits eingesehen, daß die bloße politische Umgestaltung eines Staates uns zu nichts dienen würde, als etwa von andern, als unseren jetzigen Meistern ausgebeutet zu werden, und aus diesem Grunde sind uns auch alle die Männer fremd, deren Streben rein politscher Tendenz ist. – Uns ist es gleich, ob der Staat monarchisch, constitutionnel oder republikanisch ist, so lange er sich nur auf *Gerechtigkeit* gründet.

Wir wollen uns endlich einmal aus dem Schlamm erheben, in welchen unser Stand schon seit so langer Zeit versunken ist: – nicht durch Gewalt, sondern durch Bildung unserer selbst, durch gute Erziehung unserer Kinder. Hierzu aber haben wir vor Allem eine gesicherte Existenz nöthig. – Nur wenn der fleißige Arbeiter immer Arbeit und eine seiner Arbeit angemessene Vergütung findet, nur, wenn, unsere heut uns zu Boden drückenden materiellen Sorgen erleichtert werden, können wir uns zur geistigen Freiheit erheben und uns einer völligen Emancipation würdig machen.

Dieses, Herr Redacteur, sind die Gefühle, welche uns bewogen, für unsere leidenden Brüder in Schlesien eine Sammlung zu veranstalten; möge unser Thun noch viele Nachahmer finden. Dieses der Zweck, welchen wir uns vorgesteckt und welchen wir ohne Furcht, frei und offen bekennen, in der festen Überzeugung, daß er gerecht ist und daß er uns der Mitwirkung und des Beifalls aller rechtlichen Männer versichern muß.

Indem wir, geehrter Herr Redakteur, die Veröffentlichung dieses Briefes in Ihrem geschätzten Blatte Ihrem Gutachten anheimstellen, bleiben wir mit größter Hochachtung
Ihre ergebensten
Im Namen und Auftrag des deutschen wissenschaftlichen Arbeiter-Vereins in London:
Karl Schapper. – Joseph Moll.
Adolph Lundmann. – Anton Müller.
A. Lehmann.
London, den 21. September 1844.

3. Protokoll über die Verteilung der vom deutschen Kommunistischen Arbeiterbildungsverein in London gesammelten Geldspende für die schlesischen Weber, aus: Communal- und Intelligenzblatt für Schlesien, die Lausitz und die benachbarten Provinzen. Beiblatt der 'Silesia', Zeitschrift für Kunst, Wissenschaft und Leben (Liegnitz), Nr. 104 (27. Dezember 1844), S.2.

Die *deutschen Arbeiter* in *London* veranstalteten im September eine Sammlung unter sich, die sie für die bedürftigsten Familien der in den schlesischen Weber-Unruhen gebliebenen oder in Folge derselben gefänglich einzogenen und bestraften Weber bestimmten. Sie übersandten die Summe zur weiteren Beförderung an den Buchhändler *Campe* in Hamburg, nebst einem Briefe, den der "Telegraph" in seiner No. 165 mittheilte und welchen auch der zu *Wesel* erscheinende "Sprecher", durch ein Erkenntniß des Königlichen Ober-Censur-Gerichts dazu ermächtigt, kürzlich (in No. 98) abgedruckt hat. Das Geld ist nun dem Willen der deutschen Arbeiter in London gemäß vertheilt und bei dieser Gelegenheit nachstehendes Protokoll, welches den deutschen Arbeitern in London als Quittung zugeschickt werden soll, aufgenommen worden:

"Heute, den 14. December 1844, versammelten sich in dem Gasthofe zur Krone in *Reichenbach* unter Gegenwart der Herren Gerichtsscholzen *Neumann* und *Schnabel* aus *Langenbielau* so wie des Gerichtsscholzen Herrn *Schreyer* aus *Peterswaldau* die von denselben ausgewählten ärmsten Familien aus diesen beiden Gemeinden, welche entweder durch den Tod oder durch gefängliche Einziehung ihrer Ernährer in die drückendste Noth versetzt worden sind, um nach Verhältniß der Bedürftigkeit die Unterstützung in Empfang zu nehmen, welche das Mitleiden und die Liebe der *deutschen Arbeiter* in *London* für sie gesendet. Der Betrag von 6 Pfd. Sterling (40 Thl. 15 sgr.) war durch den Hrn. Buchhändler *Campe* in Hamburg nach Breslau geschickt, und ich, Ferd. Peinert, Cand. der Theol. in Olbersdorf bei Reichenbach, mit der Vertheilung derselben betraut worden, welches ehrenvollen Auftrages ich mich hiermit entledige.

Mit Rücksichtnahme auf den biedern Brief der deutschen Arbeiter in London, welcher im Hamburger Telegraphen 1844 No. 165 abgedruckt ist, und der den versammelten armen Weberfamilien vorgelesen wurde, waren erschienen:

Aus *Langenbielau:*

Empfangen:

1) Frau *Schindler*, Wittwe des gebliebenen Färbers *Schindler*, hat 3 Kinder . . . . 4 Thl. — Sgr.
2) Fr. *Winzig*, Wittwe des gebliebenen Färb. *Winzig*, hat 3 Kinder . . . . 4 Thl. — Sgr.
3) Der 80jährige *Anlauf*, dessen Sohn geblieben . . . . . 2 Thl. 15 Sgr.
4) Die alte Wittwe *Meyer*, deren Sohn geblieben . . . . 2 Thl. 15 Sgr.
5) Der Knabe *Nauer*, dessen Vater eingezogen . . . . . 2 Thl. — Sgr.

Latus 15 Thl. — Sgr.

B Aus *Peterswaldau*, wo keiner geblieben.

Transport 15 Thl. — Sgr.

6) Fr. *Oertel*, zwar ohne Kinder, aber schwanger . . . . 2 Thl. 15 Sgr.

7) Fr. *Kube*, hat 1 K. von 3 J. . . . . 2 Thl. 15 Sgr.
8) Fr. *Schröer*, hat 3 K., wovon das eine die Schule besucht . . . . 3 Thl. 15 Sgr.
9) Fr. *Schwarzer* mit 2 kl. K. . . . . 3 Thl. — Sgr.
10) Fr. *Koch* mit 3 K. u. schwanger . . . . 4 Thl. — Sgr.
11) Des Webers *Gillner* 3 K., ohne Mutter, bei den Großältern in Pflege . . . . 3 Thl. 15 Sgr.
12) Fr. *Hübner*, hat 1 Kind von einem halben Jahre . . . 2 Thl. 15 Sgr.
13) Fr. *Krause*, hat 1 Kind von 3 Jahren . . . . 2 Thl. 15 Sgr.
14) Die alte Frau *Hampel*, deren Mann ebenfalls eingezogen ist, aber keine Kinder hat . . . . 1 Thl. 15 Sgr.

Summa 40 Thl. 15 Sgr.

Mit Thränen des Dankes grüßen die Empfänger ihre braven Brüder in der Ferne!

Zur Beglaubigung unterschrieben: *Schnabel*, Ger.-Scholz.
Neumann, Ger.-Scholz.
Schreier, G.-Scholz aus Peterswaldau.
Cand. *F. Peinert* in Olbersdorf als Commissionair.

4. Heinrich Heine: Die armen Weber, aus: Vorwärts! Pariser Deutsche Zeitschrift (Paris), Nr. 55 (10. Juli 1844), S.1

Erstfassung von Heines Gedicht.

Im düstern Auge keine Thräne,
Sie sitzen am Webstuhl und fletschen die Zähne:
"Altdeutschland, wir weben dein Leichentuch,
Wir weben hinein den dreifachen Fluch!
   Wir weben! Wir weben!

"Ein Fluch dem Gotte, dem blinden, dem tauben,
Zu dem wir gebetet mit kindlichem Glauben;
Wir haben vergebens gehofft und geharrt,
Er hat uns geäfft und gefoppt und genarrt.
   Wir weben! Wir weben!

> "Ein Fluch dem König', dem König' der Reichen,
> Den unser Elend nicht konnte erweichen,
> Der uns den letzten Groschen erpreßt,
> Und uns wie Hunde erschießen läßt!
> Wir weben! Wir weben!
>
> "Ein Fluch dem falschen Vaterlande,
> Wo nur gedeihen Lüg' und Schande,
> Wo nur Verwesung und Todtengeruch –
> Altdeutschland, wir weben dein Leichtentuch!
> Wir weben! Wir weben!

5. *Die schlesischen Weber (anonymes Flugblatt), aus: Walther Grupe: Heines 'Schlesische Weber' auf einem Berliner Flugblatt, in: Deutschunterricht (Berlin/DDR), 9. Jg. (1956) H. 7, S. 426–428.*

Das arme Volk kann nirgendwo auf einen grünen Zweig kommen. Die reichen Herren mit ihrem König leben von seinem Blutschweiße. Es duldet's, weil es glaubt, sein Schicksal sei der Wille Gottes. – Wird es aber in Verzweiflung gebracht, dann geht sein Aberglaube und seine Geduld zu Ende. Dahin ist es in Schlesien gekommen. – Die armen Weber konnten das Salz nicht mehr verdienen, und man sagte ihnen, sie sollten Heu fressen.

Die armen Leute flehten den Himmel an, sie aus ihrer Noth zu retten. Aber der Himmel erhörte sie nicht; der Himmel hat keine Ohren – und wenn die Menschen sich nicht selbst helfen, dann hilft ihnen kein Gott und kein Teufel. –

Als sie dieses einsahen, wendeten sie sich an den König. Aber dieser, obleich er bedeutende Ohren hat, erhörte sie auch nicht; denn ein König ist nicht dafür da, das Volk glücklich zu machen. Wenn alle Menschen glücklich wären, dann wäre ein König nicht möglich. Gesetze, unter welchen alle Menschen gleich und glücklich sind, bedürfen keines Schutzherrn außer dem Volke. Sie können nur von den Männern des Volkes, welche die Gleichheit aller Menschen wollen, ausgehen und vom Volke selbst geschützt werden. Der König ist nur dafür da, diejenigen Gesetzte zu schützen, welche die Ungleichheit und Knechtschaft der Menschen erhalten – nur dafür da, die Männer des Volkes, welche die Gleichheit und das Glück aller Menschen wollen, zu verfolgen – nur dafür da, die bevorzugten Stände, die reichen Herren zu beschützen, das Volk aber in seinem Elend und in seinen verderblichen Vorurtheilen zu erhalten. –

Als die armen Weber auch dieses einsahen, wendeten sie sich ans Vaterland, ans deutsche Vaterland. Aber das Vaterland ist ja nur ein Land von Herren und Knechten. Die Knechte konnten, die Herren wollten den armen Leuten nicht nachhaltig aufhelfen, weil sie eben Herren bleiben wollten. Sie speisten die Elenden mit einigen erbärmlichen Almosen ab. – Den Armen Almosen geben, um ihnen zu helfen, heißt einige Tropfen Wasser in eine Sandwüste schütten, um sie fruchtbar zu machen. Dem armen Volke kann nur durch menschliche Gesetze, die die Menschen vereinigen nachhaltig geholfen werden. – Eine Nation, von andern Nationen getrennt, und in sich selbst millionenfach zerstückelt, eine Nation, in der jede Familie ihre besondern Interessen, jeder Kopf seinen besondern Glauben hat, eine solche Nation, ein solches Vaterland, ist die Nation und das Vaterland des Hasses, der Knechtschaft, der Lüge und des Betruges. –

Als die armen Weber auch zu dieser Einsicht kamen, da erkannten sie, daß ihr Heil nur in dem Umsturz alles Bestehenden liege, und vereinigten sich mit ihrem Nachbarvolke, den Böhmen, gegen ihre Unterdrücker, in der Hoffnung, daß auch die unterdrückten Menschen anderwärts ihrem Beispiele folgen und ihr tausendjähriges Joch abschütteln würden. Aber dem armen Volke der übrigen Welt war der Aberglaube und die Geduld noch nicht ausgegangen; es duldete noch seine Herren und ließ seine Brüder in Schlesien und Böhmen "mit Gott für König und Vaterland" niederschießen.

Der Dichter aber spricht im Namen der schlesischen Weber, die jetzt wieder an ihren Webstühlen sitzen und hungern, und im Namen aller, die unter dem Schutze schändlicher Gesetze ausgesogen werden, den dreifachen Fluch über Gott, König und Vaterland aus:

1.

Im finstern Auge keine Thräne,
Sie sitzen am Webstuhl und fletschen die Zähne.
Altdeutschland sie weben dein Leichentuch
Und weben hinein den dreifachen Fluch –
Sie weben, sie weben, sie weben.

2.

Ein Fluch dem Gotte, dem blinden und tauben,
Zu dem wir gebetet mit kindlichem Glauben,

Auf den wir gehofft, auf den wir geharrt,
Er hat uns gefoppt, er hat uns genarrt. –
Wir weben, wir weben, wir weben.

3.

Ein Fluch dem König, dem König der Reichen,
Dem obersten Henker der Freien und Gleichen,
Der uns den letzten Groschen erpreßt
Und uns wie Hunde erschießen läßt –
Wir weben, wir weben, wir weben.

4.

Ein Fluch dem deutschen Vaterlande,
Wo unser Erbtheil ist Elend und Schande,
In dem nichts herrscht als Lug und Trug;
Altdeutschland wir weben dein Leichtentuch –
Wir weben, wir weben, wir weben.

6. *Complainte des canuts, aus: Hans Kaufmann: Heinrich Heine. Geistige Entwicklung und künstlerisches Werk, 2. Aufl. Berlin und Weimar 1970, S. 241.*

Das Lied der Lyoner Seidenweber aus den dreißiger Jahren, das Heine als Anregung für seinen eigenen Text gedient hat. Nachstehend die Übersetzung durch Hans Kaufmann (ebda., S. 241f.)

Pour chanter Veni Creator,
Il faut une chasuble d'or.
Nous en tissons pour vous, gens de l'Eglise,
Mais nous, pauvres canuts, n'avons pas de chemises.
  C'est nous les canuts,
  Nous sommes tout nus.

Pour gouverner, il faut avoir
Manteaux ou rubans en sautoir.
Nous en tissons pour vous, grands de la terre,
Et nous, pauvres canuts, sans drap on nous enterre.
  C'est nous les canuts,
  Nous sommes tout nus.

Mais notre règne arrivera
Quand votre règne finira.
Alors nous tisserons
Le linceul du vieux monde,
Car on entend déjà la révolte qui gronde.
   C'est nous les canuts,
   Nous n'irons plus tout nus.

*

Um Veni Creator zu singen,
Braucht man ein goldenes Meßgewand.
Wir weben es für euch, Männer der Kirche,
Aber wir armen Weber, wir haben kein Hemd.
   Wir sind die Weber,
   Wir sind ganz nackt.

Um zu regieren, braucht man
Mäntel oder gekreuzte Ordensbänder.
Wir weben sie für euch, Mächtige der Erde,
Und uns arme Weber beerdigt man ohne Tuch.
   Wir sind die Weber,
   Wir sind ganz nackt.

Doch die Zeit unserer Herrschaft wird kommen,
Wenn die eure endet.
Dann werden wir weben
Das Leichentuch der alten Welt,
Denn man hört schon das Grollen des Aufstands.
   Wir sind die Weber,
   Wir werden nicht mehr nackt gehen.

---

7. Karl Beck. Aus Schlesien, aus: K.B.: Lieder vom armen Mann. Mit einem Vorwort an das Haus Rothschild, Leipzig 1846, S. 244 - 248.

   Herr, gieb uns unser täglich Brot!
   Das Vater Unser.

Die Reiche kutschiret in die Bäder,
Jagt schwängerndes Wasser ins Geäder:
Sie möchte Kinder gebären,
    Und küßt den heiligen Rock.
Es kauert die Arme verlassen zu Hause,
Bei nüchternem Trank und magerem Schmause,
Und brütet in Mutterzähren,
    Und hat ein ganzes Schock.

Ein Leineweber im dürftigen Städtchen,
Der war geschlagen mit Buben und Mädchen.
Hat sich für Reiche bemühet,
    Blieb arm zu jeder Frist.
Was weiter? Es ist die alte Geschichte
Vom angezündeten Kerzenlichte,
Das Anderen willig glühet,
    Und selbst im Sterben ist.

Es sprach das lüsterne Weib zum Gemahle:
"O Klaus! Kartoffeln in der Schale –
Ein Gläschen Wein zum Schmause –
    Wie brennt mein Herz darauf;"
Es sprach der Mann: "Du kindische Liese,
Wir leben ja nicht im Paradiese;
Uns fehlt das Brot im Hause,
    Das Letzte zehrten wir auf."

"Doch Gott verläßt ja nimmer die Frommen!
Als meine Schwester den Spinner genommen,
Sie buck und barg zwei Brote
    In ihrem Kämmerlein:
Man sagt, dann fehlt es nimmer und nimmer
An Brot im Haus, für des Kindes Gewimmer,
Geh, wasche Dir die Pfote,
    Und hole das Futter herein."

Sie that es; sie lief auf nackten Sohlen
Mit ihren Bälgen das Brot zu holen;

Hart wars wie Straßenpflaster,
  Drei Monde war es alt –
Sie thätens mit lauem Wasser begießen,
Es aufzulockern und rasch zu genießen;
Doch beteten erst die Faster –
  Solch Mahl wird ja nicht kalt.

Er sprach zu seinen Mädchen und Knaben:
"Einst las ich vom Fugger, der ist begraben!
Oft borgte von ihm der Kaiser
  Wohl Gold und Edelgestein.
Einst lud er den spanischen Karl zum Essen,
Und als sie die Sorgen beim Becher vergessen,
Warf er in die zimmtenen Reiser
  Des Kaisers Wechsel hinein."

"Das war ein herrlicher Mann, o Kinder!
Ein Weber wie ich, nicht mehr, noch minder.
Man gab ihm Adel und Wappen,
  Der Würden mehr und mehr.
Er half den Armen von Noth und Schande,
Gab Brot und Geld und Wintergewande,
Ging selbst in gewöhnlichen Lappen –
  Doch das ist lange her.

8. Ernst Dronke: Das Weib des Webers, aus: E.D.: Armsünder-Stimmen. Zwölf Lieder, Altenburg 1846, S. 20 – 22.

In meinem Schoos Dein Haupt geneigt,
Wie liegst Du stumm, wie starr erbleicht,
  Mein armes Kind.
Es rinnt Dein Blut in Tröpflein leis,
Und eine Wunde brennendheiß
  In mir auch rinnt.

Ein Knösplein frech dahingestreckt,
Noch eh' der Lenzhauch Dich geweckt,
  So liegst Du blaß.

Dein Vater stirbt den Kerkertod,
Ich bin allein in meiner Noth
    Und meinem Haß.

Dein Vater fand für gutes Recht –
Wie groß die Qual, der Lohn wie schlecht!
    Gott weiß! Gott weiß!
Sie standen All für Weib und Kind,
Sie heischten von dem Raugesind
    Des Schweißes Preis.

Dein Vater stand – die Schergen auch:
Es schützt ja der Gesellschaft Brauch
    Des Vampyrs Gut.
Dein Vater stand, ich flog herbei,
Die Salve kracht, es saus't das Blei, –
    Wie trifft es gut!

Du sankst mit leisem Schrei zurück,
Es suchte Schutz Dein Schmerzensblick
    Im meinem Arm.
Es stockt Dein Herz, Dein Aeuglein bricht,
Auch Deine Mutter schützt Dich nicht –
    Daß Gott erbarm'!

Ein Knösplein frech dahingestreckt,
Noch eh' der Lenzhauch Dich geweckt,
    So liegst Du blaß!
Dein Vater stirbt den Kerkertod,
Ich bin allein mit meiner Noth
    Und meinem Haß!

Schlaf wohl, schlaf wohl, mein Röslein bleich,
Ist doch der Tod noch besser gleich
    Als unsre Qual.
An Deinem Grabe will ich stehn
Und auf die Mörder heiß erflehn
    Der Rache Strahl!

9. *Ferdinand Freiligrath: Aus dem schlesischen Gebirge, aus: F.F.: Werke. Neue Prachtausgabe. Hrsg. Karl Macke, Berlin 1909, S. 138 – 141.*

»Nun werden grün die Brombeerhecken;
Hier schon ein Veilchen – welch ein Fest!
Die Amsel sucht sich dürre Stecken,
Und auch der Buchfink baut sein Nest.
Der Schnee ist überall gewichen,
Die Koppe nur sieht weiß ins Tal;
Ich habe mich von Haus geschlichen,
Hier ist der Ort – ich wags's einmal:

           Rübezahl!

»Hört er's? ich seh ihm dreist entgegen!
Er ist nicht bös! Auf diesen Block
Will ich mein Leinwandpäcken legen –
Es ist ein richt'ges volles Schock!
Und fein! Ja, dafür kann ich stehen!
Kein bess'res wird gewebt im Tal –
Er läßt sich immer noch nicht sehen!
Drum frischen Mutes noch einmal:

           Rübezahl!

»Kein Laut! – Ich bin ins Holz gegangen,
Daß er uns hilft in unsrer Not!
O, meiner Mutter blasse Wangen –
Im ganzen Haus kein Stückchen Brot!
Der Vater schritt zu Markt mit Fluchen –
Fänd' er auch Käufer nur einmal!
Ich will's mit Rübezahl versuchen –
Wo bleibt er nur? Zum drittenmal:

           Rübezahl!

»Er half so vielen schon vor Zeiten –
Großmutter hat mir's oft erzählt!
Ja, er ist gut den armen Leuten,
Die unverschuldet Elend quält!
So bin ich froh denn hergelaufen

Mit meiner richt'gen Ellenzahl!
Ich will nicht betteln, will verkaufen!
O, daß er käme, Rübezahl!

                        Rübezahl!

"Wenn diese Päckchen ihm gefiele,
Vielleicht gar bät' er mehr sich aus!
Das wär' mir recht! Ach, gar zu viele
Gleich schöne liegen noch zu Haus!
Die nähm' er alle bis zum letzten!
Ach, fiel auf dies doch seine Wahl!
Da löst' ich ein selbst die versetzten –
Das wär ein Jubel! Rübezahl!

                        Rübezahl!

"Dann trät' ich froh ins kleine Zimmer,
Und riefe: Vater, Geld genug!
Dann flucht' er nicht, dann sagt' er nimmer:
Ich web' euch nur ein Hungertuch!
Dann lächelte die Mutter wieder,
Und tischt' uns auf ein reichlich Mahl!
Dann jauchzten meine kleinen Brüder –
O käm', o käm' er! Rübezahl!

                        Rübezahl!"

So rief der dreizehnjähr'ge Knabe;
So stand und rief er, matt und bleich.
Umsonst! Nur dann und wann ein Rabe
Flog durch des Gnomen altes Reich.
So stand und paßt' er Stund' auf Stunde,
Bis daß es dunkel ward im Tal,
Und er halblaut mit zuckendem Munde
Ausrief durch Tränen noch einmal:

                        Rübezahl!

Dann ließ er still das buschige Fleckchen,
Und zitterte, und sagte: Hu!
Und schritt mit seinem Leinwandpäcken

Dem Jammer seiner Heimat zu.
Oft ruht er aus auf moos'gen Steinen,
Matt von der Bürde, die er trug.
Ich glaub', sein Vater webt dem Kleinen
Zum Hunger – bald das Leichentuch!

                              – Rübezahl?!

10. Ferdinand Freiligrath: Aus dem schlesischen Gebirge, aus: F.F. Werke. Hrsg. Paul Zaunert, Leipzig und Wien 1912, Bd. 1, S. 417f.

Fragmentarische Fortsetzung des unter Nr. 9 abgedruckten Gedichtes mit gleichem Titel.

Nun stehn entlaubt die Brombeerhecken, –
's ist auch schon Allerselenfest!
Kein Vogel mehr sucht Moos und Stecken,
Öd und verlassen jedes Nest.
Hilf Gott, die ersten Flocken fliegen;
Kalt meine Hand, kalt mein Gesicht!
Hier ist dürr Laub, hier will ich liegen –
Ein ander Lager hab' ich nicht!
      Was wird aus mir?

Hier ist die Stätt'. Hier nickt die Weide,
Hier noch die Birke, dran ich stand.
Hier rief ich aus in meinem Leide:
"Ha, Rübezahl! Kauf' Leinewand!"
Ich ward seitdem ein Halbjahr älter –
Weh meine Brust – der rasche Lauf!
Der Nordwind heult, 's wird immer kälter,
    Ich glaub', ich steh' nicht wieder auf.

Ja, Rübezahl! Das war ein Wähnen,
Jetzt weiß ich schon, wie's damit ist.
Doch hat mich Vater unter Thränen
Nach jenem Waldgang heiß geküßt,
Nun ist er tot! – tot und erschossen!
Zu Langenbielau stürzt' er hin. –

Hui, wie das pfeift: und auch noch Schloßen,
Weh, daß ich eine Waise bin!
    Was wird aus mir?

So war's: die Mutter lag im Sterben.
O trüber Tag – wir weinten sehr.
Wir stellten ihre Blumenscherben
Zu ihren Häupten um sie her.
Der Vater murmelte: "Kein Retter!"
Da hallten Schritte durch das Tal.
Da stürmt ein Trupp – Herr, welch ein Wetter!
Ach, und des Hungers bittre Qual!
    Was wird aus mir?

Ein wild Gesicht sah durch die Scheibe:
"'s ist an der Zeit! Nachbar heraus!" –
"Großmutter, bleibt bei meinem Weibe!"
So trat der Vater jach vor's Haus.
Die Mutter stöhnt – es war das Ende;
Sie sah uns an – ihr Auge brach.
Ich küßt' ihr jammernd Mund und Hände,
Und dann hinaus, – dem Vater nach.
    Was wird aus mir?

Hinaus, hinaus, hin bis zur Stelle,
Wo sich des Kaufherrn Schloß erhob.
Hui, wie da Meister und Geselle
Brecheisen, Beil und Hammer hob!
Die knirschten wütend mit den Zähnen,
Die hieben alles kurz und klein.
"Das unser Schweiß! das unsre Thränen!
Das unser Blut!" hört' ich sie schrein.
    Was wird aus mir?

Und dann – sie sprachen zum Erbarmen.
Bei allem Ding steht eine Wacht,
Doch, wie der Reiche drückt den Armen,
Drauf hat kein Polizeimann Acht...

11. Louise Otto: Aus dem Hirschberger Thale. 1846, aus: L.O.: Lieder eines deutschen Mädchens, Leipzig 1847, S. 139 - 141.

Es ist wohl eine Freudenthrän'
Mir in das Aug' getreten,
Als ich die Gegend hier gesehn –
Ein wortlosstilles Beten.
Hier, wo die Berge ringsherum
Sich heben wie Altäre,
So feierlich, so ernst und stumm
So stark zu Gottes Ehre.

Es trägt das Haupt der Koppe Schnee,
Hell schimmert die Kapelle,
Es springen von der Berge Höh
Die muntern Wasserfälle.
Die Wiesen sind so frisch und grün,
So schön die dichten Wälder
Und wunderbare Blumen blühn,
Hoch stehn die Saatenfelder.

Mir ist, ich sei im Paradies,
Wenn ich so ringsum schaue!
Und hingesunken träum' ich süß
Auf dufterfüllter Aue.
So traut, so heimlich ist's im Thal
Und von den Bergen droben
Klingt's wie ein Gruß von Rübezahl,
Der seine Stimm' erhoben.

Doch weiter setz' ich meinen Fuß
Hin, wo die Menschen wohnen,
Ich biete ihnen frohen Gruß
Und sie: "Mag's Gott Euch lohnen!"
Das klingt so traurig, schmerzensreich,
Was blickt Ihr so zur Erde?
Helf' Gott! – Du Weib – wie bist Du bleich,
Wie schmerzlich von Geberde?

In Deine Hütte laß mich sehn –
Da drinn' am Weberstuhle
Gestalten voller Jammer stehn
Und klappern mit dem Spuhle.
Die Kinder schreien laut nach Brod,
Die blinde Alte singet
Ein düstres Lied vom Freunde Tod,
Der einst Erlösung bringet. –

Es ist wohl eine Schmerzenthrän'
Mir in das Aug' getreten,
Als ich die Menschen hier gesehn,
Ein wortlos stilles Beten.
Bis einen Schrei hervor ich stieß: –
O hört ihn nicht vergebens! –
Die Schlange ist im Paradies
Und frißt vom Baum des Lebens!

12. *Hermann Püttmann: Der alte Weber, aus: H.P.: Sociale Gedichte, Belle-Vue bei Constanz 1845, S. 41 - 43.*

Fliege, Schifflein, fliege!
Du flogst jahrein, du flogst jahraus,
Und brachtest selten Gold nach Haus;
Und flögest du auch noch so schnell,
Du brächtest mich nicht von der Stell.

Fliege, Schifflein, fliege!
Nun sind es wohl an sechzig Jahr,
Daß ich ein armer Weber war;
Vorbei ist bald die Lebenszeit,
Doch nimmer die Mühseligkeit!

Fliege, Schifflein, fliege!
Hier sitz' ich aller Freude bar,
So arm als ich geboren war,
Und webe hin und webe her,
Und Herz und Sinn bleibt sorgenschwer.

Fliege, Schifflein, fliege!
Ich web' mir selbst mein Todtenkleid,
Und webe d'ran so lange Zeit;
Bald bin ich an dem letzten Saum,
Das Garn ist fort vom Weberbaum.

Fliege, Schifflein, fliege!
Ach, nicht so viel erwarb ich hier,
Ein eig'nes Grab zu kaufen mir;
Man scharrt mich an der Mauer ein,
Für so viel Müh' der Lohn wird's sein!

Fliege, Schifflein, fliege!
Jedoch, wer trägt davon die Schuld? –
Ein dummes Vieh ist die Geduld –
Ha, würd' ich wieder jung – fürwahr,
Ich trüg' die Schmach kein halbes Jahr!

Fliege, Schifflein, fliege!
Dann ging ich zu dem reichen Herrn,
Und spräch': "Bleib' mir vom Leibe fern!
Du hast *geerntet*, *ich gesäet*,
Mit *meiner* Sichel hast du gemäht –

Fliege, Schifflein, fliege!
"Gib her, was du durch mich gewann'st,
Und webe selbst, soviel du kannst;
Und willigst du nicht friedlich ein:
Sollst du von mir *gezwungen* sein!" –

*13. Hedwig und Eleonore Wallot: "Ueber die schlesischen Weber. 1844,"
aus: H.u.E.W.: Gedichte. Frankfurt a.M. 1846, S. 95–98.*

Jammertöne füllen Schlesiens Lüfte,
Denn die Habgier frevelt mit der Noth,
Gräbt den armen Webern ihre Grüfte,
Lohnet ihre Arbeit kaum mit Brod!

Unerschöpflich sind der Reichen Güter,
Unersättlich ist ihr Durst nach Gold:
Mammons Sklaven, ihrer Schätze Hüter,
Zahlen sie selbst nicht den schuld'gen Sold!
Keine Scheu mit Menschenrecht zu spielen,
Keine Scheu vor des Gewissens Ruf,
Ist befleckt das Glück das sie erzielen,
Und verfehlt ihr himmlischer Beruf.

Still und traurig mit gesenktem Flügel,
Harrt ein Genius der bessern Zeit.
Menschenliebe ist der weise Zügel,
Welchen er den Reichen hier geweiht;
Glückes Stolz zu mäßigen, zu adeln,
Und verwerthen flücht'gen Freudenrausch.
Nicht den Bruder um der Armuth tadeln,
Sondern reichen ihm die Hand zum Tausch!
Das nur heiligt Reichtum hier auf Erden,
Das ist leben Menschen-, Göttergleich!
Das ist Gleichheit, das heißt Brüder werden,
Dann, ach dann erst sind wir wahrhaft reich!

14. *Georg Weerth:"Sie saßen auf den Bänken", aus : Hermann Püttmann (Hrsg.): Album. Originalpoiesieen von Georg Weerth (u.a.), Borna und Bremen 1847, S. 125f.*

Sie saßen auf den Bänken,
Sie saßen um ihren Tisch,
Sie ließen Bier sich schenken
Und zechten fromm und frisch.
Sie kannten keine Sorgen,
Sie kannten kein Weh' und Ach,
Sie kannten kein Gestern und Morgen,
Sie lebten nur diesen Tag.

Sie saßen unter der Erle –
Schön war des Sommers Zier.
Wilde, zorn'ge Kerle

Aus York und Lancashire.
Sie sangen aus rauhen Kehlen,
Sie saßen bis zur Nacht,
Sie ließen sich erzählen
"Von der schlesischen Weberschlacht."

Und als sie Alles wußten, –
Thränen vergossen sie fast.
Auffuhren die robusten
Gesellen in toller Hast.
Sie ballten die Fäuste und schwangen
Die Hüte im Sturme da;
Wälder und Wiesen klangen:
"Glück auf, Silesia!"

V. LITERATURHINWEISE

1. Werkausgaben und Anthologien

Arnim, Bettina von: Sämtliche Werke. Hrsg. mit Benutzung ungedruckten Materials v. Waldemar Oehlke. Bd. 1 – 7. Berlin 1920 – 1922.
Bab, Julius (Hrsg.): Arbeiterdichtung. Neue erweiterte Auflage. Berlin (Leipzig 1930).
Bab, Julius (Hrsg.): Die deutsche Revolutionslyrik. Eine geschichtliche Auswahl mit Einführung und Anmerkungen. Wien, Leipzig 1919.
Bamberger, Richard (Hrsg.): Das große Balladenbuch. Für Schule und Haus. Wien, Bad Godesberg (1957).
Beck, Karl: Lieder vom armen Mann. Mit einem Vorwort an das Haus Rothschild. Leipzig 1846.
Cagan, Heinz (Hrsg.): Deutsche Dichter im Kampf. Sammlung revolutionärer Dichtung. Vorwort von A(natoli) Lunatscharski. Moskau 1930.
Charivari. Redigiert von Eduard Maria Oettinger. Leipzig 1842 – 1849. (Neue Folge: Leipziger Charivari). Leipzig 1850 – 1851.
David, Hanns W.: Vierstimmiger gemischter Chor. Berlin (1932).
Der Wahre Jacob. Illustrierte Zeitschrift für Satire, Humor und Unterhaltung. Stuttgart 1879 – 1923 (Unter dem Titel: Lachen Links. Das Republikanische Witzblatt. Berlin 1924 – 1927), Berlin 1927 – 1933.
Deutsches Chorbuch für gemischte Chöre. Bd. 1.Hrsg. Deutscher Allgemeiner Sängerbund e.V. und Chorausschuß der DDR. Frankfurt a.M. (1955).
Deutsches Volksliederbuch. Mannheim 1847.
Diederich, Franz (Hrsg.): Von unten auf. Ein neues Buch der Freiheit. Bd. 1 – 2. Berlin 1911.
Dronke, Ernst: Armsünder – Stimmen. Zwölf Lieder. Altenburg 1846.
Enzensberger, Hans Magnus (Hrsg.) u.a.: Klassenbuch. Ein Lesebuch zu den Klassenkämpfen in Deutschland. Bd. 1 – 3. Darmstadt, Neuwied 1973.
Feudel, Werner (Hrsg.): Morgenruf. Vormärzlyrik 1840 – 1850. 1. Auflage. Leipzig 1974.
Freiligrath, Ferdinand: Werke. Neue Pracht – Ausgabe. Hrsg. K(arl) Macke. Berlin (1909).
Freiligrath, Ferdinand: Werke. Hrsg. Paul Zaunert. Kritisch durchgesehene und erläuterte Ausgabe. Bd. 1 – 2. Leipzig, Wien 1912.
Gerstäcker, Friedrich: Gesammelte Schriften. Volks- und Familien – Ausgabe. 2 Serien, 43 Bde. Jena 1872 – 1879.
Glassbrenner, Adolf: Der politisierende Eckensteher. Auswahl und Nachwort von Jost Hermand. Stuttgart 1969.
Goethe, Johann Wolfgang von: Sämtliche Werke. Bd. 1 – 45. München 1961 – 1963.

Gundlach : Vierstimmiger Männerchorsatz. New York (o.J.).
Heer, Jakob Christoph: Romane und Novellen. Gesamt – Ausgabe. 2 Reihen, 10 Bde. Stuttgart, Berlin 1927.
Heine, Heinrich: Briefe. 1. Gesamtausgabe nach den Handschriften. Hrsg., eingeleitet und erläutert von Friedrich Hirth. Bd. 1 – 6. Mainz 1950 – 1957.
Heine, Heinrich: Werke. Bd. 1 – 8. Amsterdam 1868 – 1870.
Heine, Heinrich: Werke. Bd. 1 – 8. (Tiel) (um 1869).
Heine, Heinrich: Sämtliche Werke in vier Bände. Nach dem Text der Ausgabe letzter Hand. Verantwortlich für die Textrevision Jost Perfahl. Mit einer Einführung und Zeittafel sowie Anmerkung von Werner Vordtriede. München 1969 – 1972.
Heine, Heinrich : Sämmtliche Werke. Rechtmäßige Original – Ausgabe. Hrsg. Adolf Strodtmann. Bd. 1 – 23. Hamburg 1861 – 1884.
Heine, Heinrich : Werke in zehn Bände. Mit einer biographischen Einleitung von Franz Mehring. Berlin (1911).
Heine, Heinrich : 1797 – 1856. 175 Jahre. Kalender für 1972. Hrsg. DKP Bezirk Rheinland. Düsseldorf 1971.
Henckell, Karl (Hrsg.): Buch der Freiheit, Bd. 1 – 2. Berlin 1893.
Herder, (Johann Gottfried von): Werke. Hrsg. Theodor Matthias. Kritisch durchgesehene und erläuterte Ausgabe. Bd. 1 – 5. Leipzig, Wien (1903).
Immermann, (Karl Lebrecht): Werke. Hrsg. Harry Maync. Kritisch durchgesehene und erläuterte Ausgabe. Bd. 1 – 5. Leipzig, Wien (1906).
Jakoby, Richard und Horst Weber (Hrsg.): Musik im Leben. Bd. 1. Neubearbeitet und ergänzt. 18. Auflage. Berlin, Frankfurt a.M., München 1967.
Johannesson, Adolf: Leitfaden für Sprechchöre. 2., umgestaltete und erweiterte Auflage. Berlin 1929.
Kaiser, Bruno (Hrsg.): Die Achtundvierziger. Ein Lesebuch für unsere Zeit. 11. Auflage. Berlin, Weimar 1973.
Kollwitz, Käthe : Der Weberaufstand. Einführung von F(riedrich) Ahlers-Hestermann. 2. Auflage. Stuttgart 1964.
Lammel, Inge (Hrsg.): Das Arbeiterlied. Frankfurt a.M.1973.
(Lavant, Rudolf) (Hrsg.): Vorwärts! Eine Sammlung von Gedichten für das arbeitende Volk. Zürich (– Hottingen) 1886.
Lesebuch (Ausgabe) B. (Realschule). Bearbeitet von Hans Brüstle u.a. 5 Bde. Stuttgart 1967 – 1970.
Lesebuch 65. Ein Lesewerk für die Schulen von heute. Hrsg. Klaus Gerth u.a. (Gymnasium 5 Bde. Realschule 3 Bde.) Dortmund, Hannover 1967 – 1969.
Otto , Louise: Lieder eines deutschen Mädchens. Leipzig 1847.
Pache, Alexander (Hrsg.): Die politische Lyrik um 1848 in der deutschen Dichtung. Für die Oberstufe ausgewählt. Frankfurt a.M. 1924.
Prutz, Robert: Das Engelchen. Roman. Bd. 1 – 3. Faksimiledruck nach der ersten Auflage von 1851. Nachwort Erich Edler. Göttingen 1970.
Püttmann, Hermann (Hrsg.): Album. Originalpoesieen von Georg Weerth (...) (u.a.). Borna (Bremen) 1847.
Püttmann H(ermann): Sociale Gedichte. Belle-Vue bei Constanz 1845.
Püttmann, H(ermann) (Hrsg.): Socialistisches Liederbuch. Mit Original-Beiträgen von H. Heine, F. Freiligrath, G. Werth und Anderen. 2. Auflage. Kassel 1851.

Raabé, J(ohann) C(hristian) J(ustus) (Hrsg.): *Republikanische Lieder und Gedichte deutscher Dichter.* Kassel 1849.

Raabé, J(ohann) C(hristian) J(ustus) (Hrsg.): *Republikanische Lieder und Gedichte deutscher Dichter.* 2. sehr vermehrte Ausgabe. Kassel 1851.

Renegaten- und Communisten – Lieder. Dresden 1844.

Rollett, Hermann (Hrsg.): *Republikanisches Liederbuch.* 2.Auflage. Leipzig 1848.

Schmidlin, Karl: *Gedichte und Bilder aus dem Leben. Aus dessem Nachlaß herausgeben.* Stuttgart 1851.

Schults, Adolf: *Leierkastenlieder.* Meurs (1849).

Schwab-Felisch, Hans: *Gerhart Hauptmann: Die Weber. Vollständiger Text des Schauspiels. Dokumentation.* Frankfurt a.M., Berlin 1963.

Schwachhofer, René und Wilhelm Tkaczyk (Hrsg.): *Spiegel unseres Werdens. Mensch und Arbeit in der deutschen Dichtung von Goethe bis Brecht.* 1. Auflage. Berlin (DDR) 1961.

Steinitz, Wolfgang (Hrsg.): *Deutsche Volkslieder demokratischen Charakters aus sechs Jahrhunderten.* Bd. 1 – 2. Berlin (DDR) 1954 – 1962.

Stephenson, Carl (Hrsg.): *Die schönsten Gedichte aus acht Jahrhunderten.* Eingeleitet von Rudolf Hagelstange. Berlin (1960).

Stern, Annemarie (Hrsg.): *Lieder gegen den Tritt. Politische Lieder aus fünf Jahrhunderten.* Hrsg. Arbeitskreis progressive Kunst. Oberhausen 1972.

Varnhagen von Ense, Karl: *Tagebücher. Aus dem Nachlaß Varnhagen's von Ense.* Bd. 1 – 15. Leipzig, Zürich, Hamburg, Berlin 1861 – 1905.

Vorwärts! Pariser Signale aus Kunst, Wissenschaft, Theater, Musik und geselligem Leben. Seit 3.7.1844 Pariser Deutsche Zeitschrift. Hrsg. H(einrich) Börnstein u.a. Jg. 1, Nr. 1 – 104, Jg. 2, Nr. 1.Paris 1844 – 1845.

Wallot, Hedwig und Eleonore: *Gedichte.* Frankfurt a.M. 1846.

Willkomm, Ernst: *Eisen, Gold und Geist. Ein tragikomischer Roman.* Bd. 1 – 3. Leipzig 1843.

2. Sekundärliteratur zu Heinrich Heine

Fairley, Barker: *Heinrich Heine. Eine Interpretation.* Stuttgart 1965.
 Vergleich von Bildern und Motiven sowie formalen Stilmitteln im Gesamtwerk. Keine historischen Bezüge.

Fingerhut, Karl-Heinz: *Standortbestimmungen. Vier Untersuchungen zu Heinrich Heine.* Heidenheim 1971.
 Versuch, Heines Größe in seiner Uneindeutigkeit, seiner Position zwischen den Stühlen zu bestimmen.

Grupe, Walther: *Heines 'schlesische Weber' auf einem Berliner Flugblatt.* In: Deutschunterricht Jg. 9 (1956), H. 7, S. 426 – 428.
 Vergleich der Flugblattfassung mit dem endgültigen Text.

Gulich, Heinz und Bodo Kamieth: *Diskussion um ein Heine – Gedicht.* In: Deutsche

Lehrerzeitung. Organ der deutschen demokratischen Schule Jg. 1 (1954), Nr. 19, S. 2.
Versuch, die Vorwürfe von Eltern gegen Heines "Ein Fluch dem Gotte" zu entkräften. In der Argumentation äußerst schwach.

Hasubek, Peter: Heinrich Heines Zeitgedichte. In: Zeitschrift für deutsche Philologie Bd. 91 (1972), Sonderheft: Heine und seine Zeit, S. 23 – 46.
Geschichtlich orientierte Darstellung der Zeitgedichte. Arbeitet nur drei Formtypen heraus: pathetisch-enthusiastisch, kritisch-satirisch, agressiv-anklagend.

Hermand, Jost: Streitobjekt Heine. Ein Forschungsbericht. 1945 – 1975. Frankfurt a.M. 1975.
Sorgfältige und informative Einführung in den Stand der Heine-Forschung. Hermands Urteile wurden für die Charakterisierung der Sekundärliteratur in diesem Abschnitt herangezogen.

Kaufmann, Hans: Heinrich Heine. Geistige Entwicklung und künstlerisches Werk. 2. Aufl. Berlin, Weimar 1970.
Wichtigste Heine-Monographie der DDR. Heine als Dichter-Revolutionär, sein Schaffen wird immer wieder auf die Gegenwart bezogen.

Kaufmann, Hans: Heines Weberlied. In: Junge Kunst Jg. 3 (1959), H. 7, S. 72 – 77.
Vergleich der verschiedenen Fassungen, mit Hinweisen auf die nordische Mythologie.

Kreutzer, Leo: Heine und der Kommunismus. Göttingen 1970.
Knappe, aber informative Untersuchung des Verhältnisses von Heine zu Marx und ihrer Kunstauffassung.

Krüger, Alfred J.: Heinrich Heines Weber im Unterricht des neunten Schuljahrs. In: Neue Wege zur Unterrichtsgestaltung Jg. 13 (1962), H. 1, S. 205 – 213.
Unterrichtseinheit, der soziale und politische Aspekt kommt zu kurz.

Lehrmann, Cuno Ch(anan): Heinrich Heine. Kämpfer und Dichter. Bern 1957.
Interpretation Heines aus der Sicht eines kosmopolitischen Judentums.

Lukács, Georg (von): Heine und die ideologische Vorbereitung der 48er Revolution. In: Text + Kritik H. 18/19 (1968), Heinrich Heine, S. 25 – 34.
Wichtiger marxistischer Aufsatz von 1941. Versucht die Widersprüche in Heines Werk als Ausdruck der historischen Gegensätze im Vormärz (Adel, Bürgertum, Arbeiter) zu erklären.

Marcuse, Ludwig: Heine. Melancholiker, Streiter in Marx, Epikureer. Rothenburg o.d.T. 1970.
Versuch, Heine zu entpolitisieren und als Artisten zu sehen. Die Beziehungen zu Marx werden geleugnet.

Marx, Paul: Der Schlesische Weberaufstand in Dichtung und Wirklichkeit. In: Das Magazin. Monatsschrift für Literatur, Kunst und Kultur Jg. 66 (1897), Nr. 7, S. 112 – 115.
Vergleich von Heine und 'Blutgericht', Abqualifizierung Heines.

Mende, Fritz: Heinrich Heine. Chronik seines Lebens. Berlin (DDR) 1970.
Umfangreiche Sammlung von Fakten aus Heines Leben und Werk, teils durch neueres Material schon wieder überholt.

Nicht nur Dichtung, sondern flammender Protest. Stellungnahme der Abteilung Methodik des Ministeriums für Volksbildung zur Diskussion über das Gedicht "Die We-

ber" von Heinrich Heine. In: Deutsche Lehrerzeitung. Organ der deutschen demokratischen Schule Jg. 1 (1954), Nr. 23, S. 3.

Offizieller Kommentar staatlicher Stellen zum Heine-Gedicht und den Vorwürfen der 'Gotteslästerung'.

Politzer, Heinz: Das Schweigen der Sirenen. Studien zur deutschen und österreichischen Literatur. Stuttgart 1968.

Enthält einen nicht sehr ergiebigen Heine-Aufsatz, Beschränkung auf die werkimmanente 'Kunst der Interpretation'.

Pongs, Hermann: Neue Aufgaben der Literaturwissenschaft. 2, 1. In: Dichtung und Volkstum. Neue Folge des Euphorion Bd. 38 (1937), S. 274 – 277.

Der Ideologie des Dritten Reiches verpflichteter Aufsatz, Vergleich Heine und 'Blutgericht', antisemitische Tendenz.

Schweickert, Alexander: Heinrich Heines Einflüsse auf die deutsche Lyrik. 1830 – 1900. Freiburg, Bonn 1969.

Stellt unterschiedliche Rezeption Heines in Frankreich (Richtung Symbolismus) und Deutschland (Verflachung) fest. Keine Suche nach den ideologischen Ursachen dieser verschiedenartigen Entwicklungen.

Stein, Ernst: Zugang zu Heinrich Heines Gedicht. Die schlesischen Weber. In: Deutschunterricht Jg. 9 (1956), H. 8, S. 437 – 443.

Vergleich der verschiedenen Varianten sowie der 1844 als Flugblatt verbreiteten Fassung.

Storz, Gerhard: Heinrich Heines lyrische Dichtung. Stuttgart 1971.

Gesamtanalyse von Heines Lyrik, Formalanalysen ohne übergreifendes Konzept.

Uhlmann, A(lfred) M(ax) (Hrsg.): Heinrich Heine. Sein Leben in Bildern. Leipzig 1964.

Unzureichend kommentierte Zusammenstellung von Bild- und Textdokumenten.

3. Allgemeine Darstellungen, Literaturgeschichten, Dokumente

Bark, Joachim: Der Wuppertaler Dichterkreis. Untersuchungen zum Poeta minor im 19. Jahrhundert. Bonn 1969.

Einzige umfangreiche neuere Untersuchung zu den Wuppertaler Autoren des Vor- und Nachmärz, mit Biographien und Bibliographien. Die politische Lyrik ist etwas knapp geraten.

Beinke, Friedrich – Wilhelm (Hrsg.) u.a.: Didaktisch – methodische Analysen. Handreichungen für den Lehrer zum Lesebuch Kompaß. 7. – 8. Schuljahr. Paderborn 1972.

Nicht besondere ergiebige Unterrichtshilfen.

Best, Otto F.: Handbuch literarischer Fachbegriffe. Definitionen und Beispiele. Frankfurt a.M. 1973.

Conze, Werner: Vom Pöbel zum Proletariat. Sozialgeschichtliche Voraussetzungen für den Sozialismus in Deutschland. In: Vierteljahrschrift für Sozial- und Wirtschaftsgeschichte Bd. 41 (1954), S. 333 – 364.

Gründliche, im Forschungsstand noch nicht veraltete Darstellung über die Zusammenhänge von Industrialisierung, Politik, Klassenbildung.

David, Claude: Zwischen Romantik und Symbolismus. 1820 – 1885. Gütersloh 1966.
In Einteilung und Werturteilen nicht überzeugend, teils ideologisch bedingte krasse Fehlurteile.
Demetz, Peter: Marx, Engels und die Dichter. Ein Kapitel deutscher Literaturgeschichte. Frankfurt a.M., Berlin, Wien 1969.
Ideologisch einseitige, die Rolle von Marx und Engels herunterspielende Darstellung.
Der Bund der Kommunisten. Dokumente und Materialien. (Bisher Bd. 1, 1836–1849). Redaktion: Hedwig Förder u.a. Berlin (DDR) 1970.
Umfangreiche Dokumentation von bislang unveröffentlichten Archivfunden.
Dronke, Ernst: Berlin. Hrsg. Rainer Nitsche. Darmstadt, Neuwied 1974.
Einzige sachliche frühe Darstellung einer Großstadt, informatives Nachwort.
Eichholtz, Dietrich: Junker und Bourgeoisie vor 1848 in der preußischen Eisenbahngeschichte. Berlin (DDR) 1962.
Detailreiche Untersuchung über die wirtschaftlichen Bestrebungen des Feudaladels, die zahlreichen Kämpfe der Eisenbahnarbeiter.
Gafert, Karin: Die soziale Frage in Literatur und Kunst des 19. Jahrhunderts. Ästhetische Politisierung des Weberstoffes. 2 Bde. Kronberg 1973.
Bisher ausführlichste Untersuchung des 'Weberstoffes', Schwerpunkt in der 2. Hälfte des 19. Jh., Detailfehler.
Glossy, Karl (Hrsg.): Literarische Geheimberichte aus dem Vormärz. Wien 1912.
Briefe und Berichte von Geheimagenten über die Vormärzschriftsteller, alles Archivmaterial.
Grab, Walter (und) Uwe Friesel: Noch ist Deutschland nicht verloren. Eine historisch – politische Analyse unterdrückter Lyrik. Von der Französischen Revolution bis zur Reichsgründung. München 1970.
Gelungener Versuch einer kontinuierlichen Geschichte der sozialen und politischen Lyrik, mit ungekürzten Beispielen.
Grandjonc, Jacques: Vorwärts! 1844. Marx und die deutschen Kommunisten in Paris. Beitrag zur Entstehung des Marxismus. 2. Aufl. Berlin, Bonn 1974.
Ausführlich kommentierte Darstellung der politischen und literarischen Situation im Paris der 40er Jahre, Anhang mir schwer zugänglichen Zeitungsartikeln.
Haenisch, Konrad: Gerhart Hauptmann und das deutsche Volk. Berlin 1922.
Hinweise auf eine Reihe von Weberliedern. Leider keine Anmerkungen und keine Literaturhinweise.
Hess, Moses (Hrsg.): Gesellschaftsspiegel. Organ zur Vertretung der besitzlosen Volksklassen und zur Beleuchtung der gesellschaftlichen Zustände der Gegenwart. Bd. 1 – 2. Elberfeld 1845 – 1846.
Frühe sozialistische Zeitschrift, mit zahlreichen Aufsätzen, Berichten, aber auch Gedichten und Erzählungen.
Klein, Tim (Hrsg.): 1848. Der Vorkampf deutscher Einheit und Freiheit. Erinnerungen, Urkunden, Berichte, Briefe. Ebenhausen, München, Leipzig 1914.
Unkommentierte Dokumentation, überholt.
Lammel, Inge: Zur Rolle und Bedeutung des Arbeiterliedes. In: Beiträge zur Geschichte der deutschen Arbeiterbewegung Jg. 4 (1962), H. 3, S. 728 – 742.
Informativer Aufsatz über die Entwicklung der Arbeiterlyrik.

Lecke, Bodo (Hrsg.): Politische Lyrik. Stuttgart 1974.
Gelungene Interpretation, verwirrend unsystematische Anlage des Buches.
Liptzin, Salomon: The Weavers in German Literature. Göttingen 1926.
In englischer Sprache, in erster Linie Stoffsammlung, die angegebenen Texte sind teilweise nicht mehr auffindbar.
Lüning, Otto: Dies Buch gehört dem Volke. 2 Bde. Bielefeld 1845.
Frühe sozialistische Aufsatzsammlung, enthält u.a. längere Besprechung von Engels "Lage der arbeitenden Klasse in England".
Marx, Karl (und) Friedrich Engels: Werke. Bd. 1 – 39, Ergänzungsband Teil 1 – 2. (Hrsg.) Institut für Marxismus-Leninismus beim ZK der SED. Berlin (DDR) 1956 – 1968.
Für die Vormärzliteratur besonders wichtig Engels' Aufsätze: 'Deutscher Sozialismus in Versen und Prosa' und 'Die wahren Sozialisten' in Bd. 4.
Mehring, Franz: Gesammelte Schriften. Hrsg. Thomas Höhle u.a. Bd. 1 – 15. Berlin (DDR) 1960 – 1966.
Einer der ersten Theoretiker der Sozialdemokratie, literaturwissenschaftliche und historische Aufsätze, immer noch aktuell. Für dieses Thema wichtig Bd. 1, Bd. 10.
Merkelbach, Valentin: Politische Lyrik des Vormärz. 1840–1848. Interpretationsmuster. Texte zur Geschichte der Demokratie in Deutschland. Frankfurt a.M., Berlin, München 1973.
Gelungene Untersuchungen zur politischen Vormärzlyrik, Gedichtauswahl, exemplarische Interpretationen.

Petzet, Christian: Die Blütezeit der deutschen politischen Lyrik. Ein Beitrag zur deutschen Literatur- und Nationalgeschichte. 1840 – 1850. München 1903.
Gedichte und Kommentare, die Werturteile teils falsch, teils unverständlich, überholt.
Peuckert, Will Erich und Erich Fuchs: Die schlesischen Weber. Bd. 1 – 2. Darmstadt 1971.
Volkskundliche Untersuchung, ohne Anmerkungen.
Plohovich, Julia: Webernot und Weberaufstand in der deutschen Dichtung. Ein Beitrag zur Geschichte des sozialen Problems in der Literatur. Diss. (Masch.) Wien 1923.
Erste umfangreiche Interpretation des 'Weberstoffes', bedenkliche Werturteile, überholt.

Schmidt, Julian: Geschichte der deutschen Literatur im neunzehnten Jahrhundert. Bd. 1 – 3. 2. Aufl. London, Leipzig, Paris 1855.
Konservative, dem bürgerlichen Realismus im Sinne Gustav Freitags verpflichtete Literaturgeschichte.
Schmidt, Walter: Einige Dokumente zum schlesischen Weberaufstand vom Juni 1844. In: Aus der Frühgeschichte der deutschen Arbeiterbewegung. Berlin (DDR) 1964, S. 30 – 64.
Mit einigen entlegenen Flugblättern und Zeitungsartikeln von 1844.
Schremmer, Wilhelm: Das Weberlied aus dem Eulengebirge. In: Mitteilungen der schlesischen Gesellschaft für Volkskunde Bd. 20 (1918), S. 210 – 214.
Variante des 'Blutgerichtes' mit Noten.

Vaßen, Florian (Hrsg.): Restauration, Vormärz und 48er Revolution. Stuttgart 1975.
Gute, kommentierte Literaturauswahl, die die wichtigsten Strömungen zwischen 1830 und 1849 enthält. Es fehlen Texte reaktionärer Autoren.

Vester, Michael (Hrsg.): Die Frühsozialisten. 1789 – 1848. Bd. 1 – 2. Reinbek 1971.
Der 2. Band enthält sonst nur schwer zugängliche Texte deutscher Autoren.

Wermuth, (Karl Georg Ludwig) und Stieber (Wilhelm): Die Communisten-Verschwörungen des neunzehnten Jahrhunderts. Im amtlichen Auftrage zur Benutzung der Polizei – Behörden der sämmtlichen deutschen Bundesstaaten auf Grund der betreffenden gerichtlichen und polizeilichen Acten dargestellt. Berlin 1853.
Wichtige Quellensammlung der politischen Polizei über die Bestrebungen der demokratischen Opposition. In den amtlichen Kommentaren spiegelt sich die maßlos übertriebene Furcht vor Verschwörungen und Revolutionen wider.

Winterscheidt, Friedrich: Deutsche Unterhaltungsliteratur der Jahre 1850 – 1860. Die geistesgeschichtlichen Grundlagen der unterhaltenden Literatur an der Schwelle des Industriezeitalters. Bonn 1970.
Wichtig die im Anhang abgedruckten Quellen: Leihbibliothekslisten, amtliche Zensurverordnungen.

Wolff, Wilhelm: Das Elend und der Aufruhr in Schlesien. In: Püttmann, H(ermann) (Hrsg.): Deutsches Bürgerbuch für 1845. Darmstadt 1845, S. 174 – 202.
Einer der frühsten Berichte über den Weberaufstand aus sozialistischer Sicht.

Zimmermann, Alfred: Blüthe und Verfall des Leinengewerbes in Schlesien. Gewerbe- und Handelspolitik dreier Jahrhunderte. Breslau 1885.
Umfangreiche Darstellung, in der Wertung der Ereignisse vielfach der staatlichen und der Unternehmersicht verpflichtet.

UTB

Uni-Taschenbücher GmbH
Stuttgart

**744. Dietrich Krusche
Kommunikation im Erzähltext
1. Analysen**
(ISBN 3-7705-1618-4 W. Fink)
352 S. kart. DM 19,80

**801. Kommunikation im Erzähltext
2. Texte**
(ISBN 3-7705-1642-7 W. Fink)
328 S. kart. DM 16,80

"Von hohem Gebrauchswert und erstaunlicher Aktualität. Für den Gymnasialunterricht, insbesondere auf der neugestalteten Oberstufe, sind die dort zusammengetragenen, sonst schwer zugänglichen Texte besonders geeignet. Der Lehrer findet in ihnen ein hervorragend ausgewähltes, stark motivierendes ›sprechendes‹ Material vor, mit dem er den kommunikativen Ansatz des modernen Deutschunterrichts verwirklichen kann. Für die Schüler werden die den Texten vorangestellten Interpretationen im 2. Band hilfreich sein: mit noch größerem Gewinn greift man zu den eingehenden Analysen des ersten Bandes."

(Dr. Klaus Westphalen, Staatsinstitut für Schulpädagogik, München)

**206. Wolfgang Preisendanz
Heinrich Heine**
Werkstrukturen und Epochenbezüge
(ISBN 3-7705-0888-2 W. Fink)
130 S. kart. DM 5,80

"Ein Buch, das Heines dichterische Existenz aus ihren historischen Voraussetzungen heraus analysiert. Zweifellos einer der wichtigsten Beiträge zur Heine-Literatur in den letzten Jahren."
(Buch und Bibliothek)